ル・コルビュジエ／創作を支えた九つの原型

越後島研一

彰国社

装幀＝藤本　宿

まえがき　持続するもの

世界のあちこちで今日多く目にする、豆腐を切ったような四角い建物は、一〇〇年前にはどこにも存在しなかった。一九世紀までの建築が、一八九〇年代からはっきりとわかる具体的変化を開始し、一九二〇年代には、現代建築に近いものが生み出された。この巨大な曲がり角の、曲がり始めと、曲がり終わりとは全く異なる。一九世紀末の、華麗な装飾に覆われた建物と、一九二〇年代の、装飾的な付加物を拒否した真っ白く幾何学的なそれとは、相容れない想像力の産物に見える。だからこの曲がり角全体の、変化の過程を理解するのは難しい。世紀末の、悪趣味ともいえる装飾過剰が飽きられ、嫌悪され、反動として、正反対の禁欲的で無装飾な方向が好まれたという説明がある。その際に、コルビュジエも注目していたアドルフ・ロースが有力な例証に挙げられる。二〇世紀初頭に「装飾は犯罪だ」と主張し、付加物を剝ぎ取った、今日のものに近い裸の箱型建築をつくって見せたからである。また別の説明もある。一時的にせよ、斬新な植物形態に熱中したおかげで、それまで想像力の大部分を占めていた歴史様式から逃れることができた。そのために、過去の範例を参照せず、自らの想像力を信頼して創作する勇気がもてるようになった。それが、植物装飾にあふれた世紀末様式が果たした積極的な役割だという。全く異なる幾何学的様式へと向かう前提を用意したとするのである。

以上は、いかにも不連続と見える推移を、強引につなぐための説明だといえる。しかし、より自然な流れがないだろうかとも思う。断絶しているようでも、実はなめらかに連続する特徴もどこかに見出せるのではないか。たとえば世紀末装飾は、壁の全面を覆い尽くすことで、建築形態における「表層の存在感」を強調した。一方、一九二〇年代に成長した新様式は、細い構造体の外側に、軽やかな「一枚の皮膜」のような壁をかぶせるような構想を基本とした。前者は「視覚的効果」によって、後者は「現実の壁面」を実現しつつ、ともに軽やかな「表層の自立」ともいうべき効果を感じさせる。両者の中間の時期に完成したオットー・ワグナーの郵便貯金局（一九〇六）を見ると、いかにも旧来的な古典的外観だが、妙な軽やかさが支配している。表面を覆う石の薄板一枚だけの存在感が独自に強調され、全体の重量感が希薄になっているためである。世紀末以降、「表層を強調する」という感覚が続いていたようだ。その一方で、植物形態から幾何学形態へと移ってもいく。不連続と見える過程であっても、こうした別の側面での連続に支えられていたのだとも思えてくる。

コルビュジエの作風は、一九二〇年代と一九五〇年代とでは全く違う。ひとりの建築家のものとは思えぬほどに、変化に富んだ作品軌跡を描いている。しかし、前記の例のように、なめらかに持続する特徴も、一方では見出せるのではないだろうか。晩年のいかにも自由に見える造形も、一九二〇年代の足跡と無関係とは限らない。むしろ初期から続く長い間の持続と蓄積が可能にした面も大きかったのではないか。とすれば、一見した変化によらず続いている特徴から、豊かな創作を保証し、高度な成熟をもたらしたものがわかるだろう。

本書では、コルビュジエ作品の「持続する特徴」を具体的に追ってみたい。建築史上、際立って豊かな活動をなした人物が、華やかに変貌していくようでありながら、同時にどのように独自な創作世

ラヴィロット「ラップ通りの建物」（左） 1901年パリ市ファサード・コンクールでの1位の作品。今日に至る建築形態の曲がり角の、曲がり始めといえる19世紀末には、過剰な表面装飾が特徴的だった
クック邸（1926）（右） 作者コルビュジエが主張した「新しい建築の5つの要点」が出揃い、曲がり角を曲がり終えた、近代様式の誕生を告げる。無装飾の幾何学形態が基本で、荷重は内側に立つ柱が負担し、外壁は薄く軽い膜が張りつめたよう。以上の2作は、同じパリにあり、各々が建てられた時点での最先端の動向を語っている。両者の極端な相違は「この25年間に何があったのか？」を考えさせる

アドルフ・ロース「ショイ邸」（1913） 装飾的付加物がなく、幾何学形態が支配する点では予言的

オットー・ワグナー「郵便貯金局」（1906） 旧来的な付加物や装飾を残し、一見して古めかしいが、外壁は仕上げ板を留める鋲を強調して「貼り物」であることを誇示し、表層1枚だけの存在感を際立たせる。この点では、ロースの作品以上に近代様式を予言してもいる。「不連続」と見える中での「連続」である

世紀末から近代様式に至る過程の「不連続」と「連続」 僅かな期間の急激な変化が具体的にどのようであったのかということが注目される

界を積み重ねていったかを知ろうというのである。それは彼の八巻に及ぶ全集に掲載された膨大な作品群を、系統的に読み解く手掛かりを与えてもくれるだろう。

彼の評伝を書いたスタニスラウス・フォン・モースは、シトロアン型の断面、タンス型の構成など、初期から晩年まで続く特徴を挙げている。ラ・ロッシュ邸（一九二四）の入口ホールが、ロンシャン教会堂（一九五五）の内部と似ているともいう。前者は、吹き抜けの箱型空間にブリッジのように中間床が挿入され、階段の踊り場が説教壇のように乗り出すことで特徴づけられている。全方向から空間を侵入させるバロック教会のようなやり方だと評されるもので、その基本は、やはり同じような突出物をもつロンシャン教会堂の内部に至るまで変わらないというのである。

ペサック住宅地（一九二六）の中央通りを歩くと、単に箱型の住戸が並ぶというだけではない、外部空間としての個性と魅力が感じられる。片側では、三階の部分の外壁に階段と踊り場が乗り出す姿が、もう一方の側では、二階の高さで大きなテラスが顔を出している。高く斜めに、低く水平に、ともに歩行者に対して両側から侵入してくるようである。街路とはいえ、彼なりに空間を活気づけ個性化する方法の基本が、ラ・ロッシュ邸や、さらにロンシャン教会堂と似ている。外部か内部かを問わず、彼が空間を特徴づけようとする際の、ひとつの持続する型が感じとれもする。それほど革新的とはいえないペサック住宅地にはこれ以外にも、彼の創作軌跡の持続する側面が、様々に見出せる。コルビュジエの一九二〇年代は、名作サヴォワ邸へと集約する時期である。しかし同時に多くの重要な形態的問題が追究されてもいた。それらを軸に彼の創作活動を考えていきたい。

ロンシャン教会堂（1955） 南側では厚い壁を抜けて光のかたまりが侵入。北側では2つの物体が乗り出す。曲線輪郭をもつ「中間階の床」と、背後から伸び上がるような「階段＋踊り場」である

ロンシャン教会堂東側 年に2回、屋外に12,000人の巡礼者が集まった際の祭壇として使う。ここでも「中間階の床」と、「階段＋踊り場」という形状の説教壇が乗り出す。内外を問わず、重要な場所に彼なりの個性的表情を与えるセットとして繰り返されている

ラ・ロッシュ邸（1924） 空間構成の核である吹き抜けホール。ブリッジのように挿入された「中間階の床」と教会の説教壇を思わせる「階段＋踊り場」という、2種類の「侵入する要素」が特徴。S.モースはこの両者による空間の性格づけが後期に至るまで続くとする

持続する「空間効果の原型」 重要な場所が、「中間階の床」と「階段＋踊り場」という2つによって特徴づけられる

ペサック住宅地（1926）　中央通り（上）は、単に「箱型が並ぶ」というだけではなく、両側から乗り出す２種類の要素が景観に個性を与えている。街路の東側（中）では、住戸の外壁に貼り付く「階段＋踊り場」が、あたかも空中の説教壇のように目立つ。西側（下）では、各住戸の外部バルコニーが「中間階の床」のように突出している。ともに、この住宅地の主たる外部空間である街路へと侵入するようなかたちで独自な活気を生み出している

ル・コルビュジエ／創作を支えた九つの原型

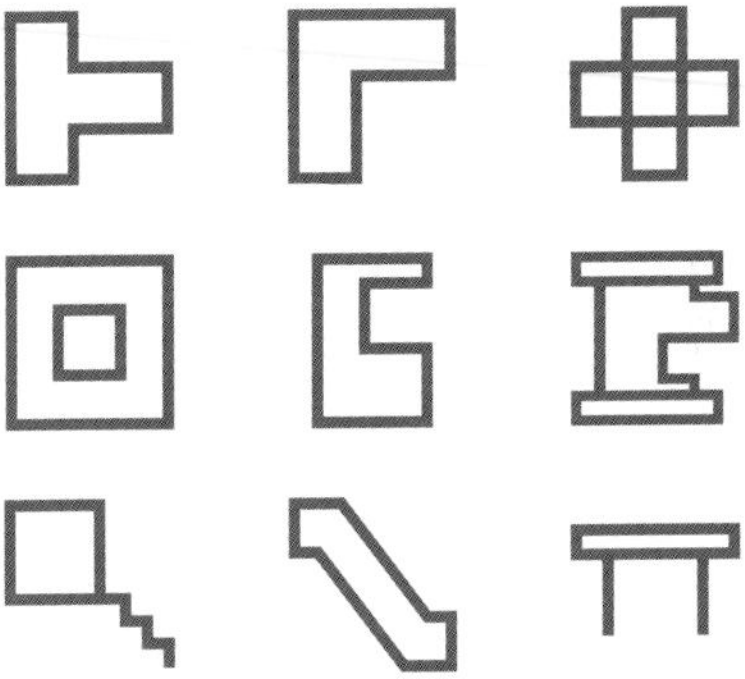

目　次

序章　「突出」と「窪み」——主役の複雑な成長過程——

サヴォワ邸の「空中の白い箱」は突然に発想されたものではない。新たな建築表現の可能性を求める多彩な試みの中に、この革命的な主役が成長していく流れを読み取ることができる。しかしそれは決して単純な過程ではない。大きくは二種類の流れが並行して進行した末に統合的な形態へと集約していったのがわかる。

❶ 空中の白い箱――逆転劇の主役――

サヴォワ邸（一九三一）は、一九二〇年代の建築形態の革新を集約している。単に「白い箱」だという以上に、「内容量を軽やかに包み込みつつ外に剝き出す」という効果において特筆される。「大地に密着し、内部を重く閉ざし込む」のが一般的だった旧来の建築の姿からすれば、最も遠い地点を語っている。形態としての基本が、ほとんど「逆転」されたのだといえる。細柱が支え、壁も薄く、全体はいかにも存在感が希薄で、「空中で完結する幾何学立体の中で暮らす」という、新時代を集約したような生活像が感じ取れる。この時期、日本を含め世界中の建築家たちが、新様式に夢中になっていた。旧来の意匠を捨て、白い箱を基本にして何ができるのか。その最大の可能性を、無意識のうちにも皆が目指していただろう。サヴォワ邸はそうした極のひとつを示したといえる。たとえばフランク・ロイド・ライトや、その影響を受けたオランダの建築家たちは、旧来の箱型建築を破壊して見せた。バラバラな要素の集まりとして表現するのも、ひとつの有効な方法だったろう。一方コルビュジエは、箱型を保ったまま、軽やかにし、持ち上げ、空中に置くという、別の可能性を究めた。

若い時期に故郷で実現した七作は、みな地面に根を下ろした伝統的な姿であった。処女作ファレ邸（一九〇七）は、大屋根が覆い、後の革命からはるかに遠い。基本は土着の様式で、豊富な装飾的細部が目をひく程度である。故郷で最後の作品シュオブ邸（一九一六）で、初めて平らな屋根が実現し、単純な箱型に少し近づく。しかし外壁は褐色煉瓦に覆われ、巨大な軒庇が大地を押し付けるような表情が目立ち、重量感に満ちた古めかしい印象であった。この後、故郷を離れてパリへ出て、革新的な

「白い箱型」の最初の例といえるシトロアン（一九二〇）を生み出す。しかしいまだ大地に密着した姿で、石積みの分厚い壁に挟まれ、内部は洞窟的でさえあった。それが一〇年余後には、大地の束縛から解き放たれ、空中を軽やかに舞うようなサヴォワ邸に至る。まず故郷で、屋根を捨てて「箱型」に近づき、パリへ出て、白く軽い「地上の箱」となり、それが地面を離れ、ついには「空中の箱」となる。以上がほぼ四半世紀にわたる彼の革命の大まかな過程だとわかる。

新しい様式の誕生を促した力、形態の生命力とでもいうべきものがあるなら、こうした変化の過程の中に宿っているだろう。特に最高度の可能性を究めた「極」というべき作品の成立には、その最も強力な作用が反映されているはずだ。サヴォワ邸は「旧来の建築像の否定の極」であり、「空中の白い箱」が、その建築形態の逆転劇の主役である。まず「地上の箱」を確保し、後に宙に浮かせるという「形態の成長」を促したもの。この主役が、どのような過程を経て生み出され進化したかを詳細に眺めれば、近代様式に内在する生命力が具体的に見出せるだろう。

彼が語る「原理」や「方法」は、こうした過程を理解する最初の手掛かりだろう。ドミノ（一九一四）と、その発展といえる五原則（一九二五）は、構造的役割から自由な「薄く軽い壁」を実現する方法が中心である。「軽やかな箱型の包み込み」を表現するための工夫の基本が図示されている。重く閉鎖的な建築の姿を嫌いつつ、また「箱の破壊」とも違う、新たな形態世界の核となる構想がこれらに集約されている。彼の一九二〇年代の追究が、ドミノや五原則を軸にしていたことは疑えない。しかしそれで説明できる形態的特徴はそう多くはない。

サヴォワ邸（1931）

ミース「煉瓦の郊外住宅」（1924）

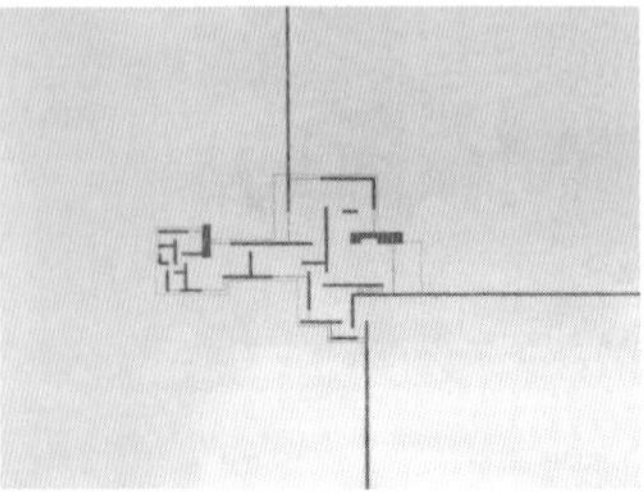

コルビュジエは、幾何学立体のような「極端に軽い箱の中」での生活を示唆している。ミースは、オランダのデ・スティル派と同様、箱を解体した「断片の隙間」での暮らしをイメージさせる。ともに旧来の「重く閉ざし込む箱型」を拒否している点では共通するが、その替わりに示された方法としては対照的

シュオブ邸（1916）

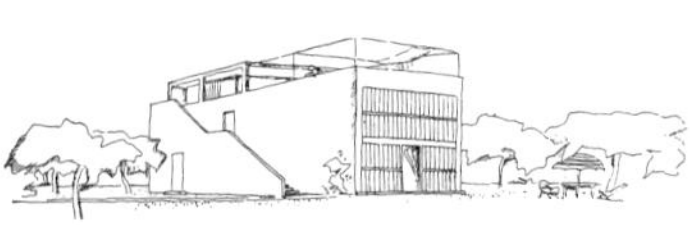

シトロアン（1920）

ファレ邸（1907）

白い箱型住宅に至る10数年間の変化の概略はわかりやすい。処女作（右）は土着の山荘のようだったが、故郷で最後の作品（左上）では、はじめて平坦な屋根を実現し、パリへ出て3年目の計画案（左下）で白い箱型に到達している。それが10年後には、さらに薄い壁の軽やかなものとなり、空中に浮上するサヴォワ邸に至る

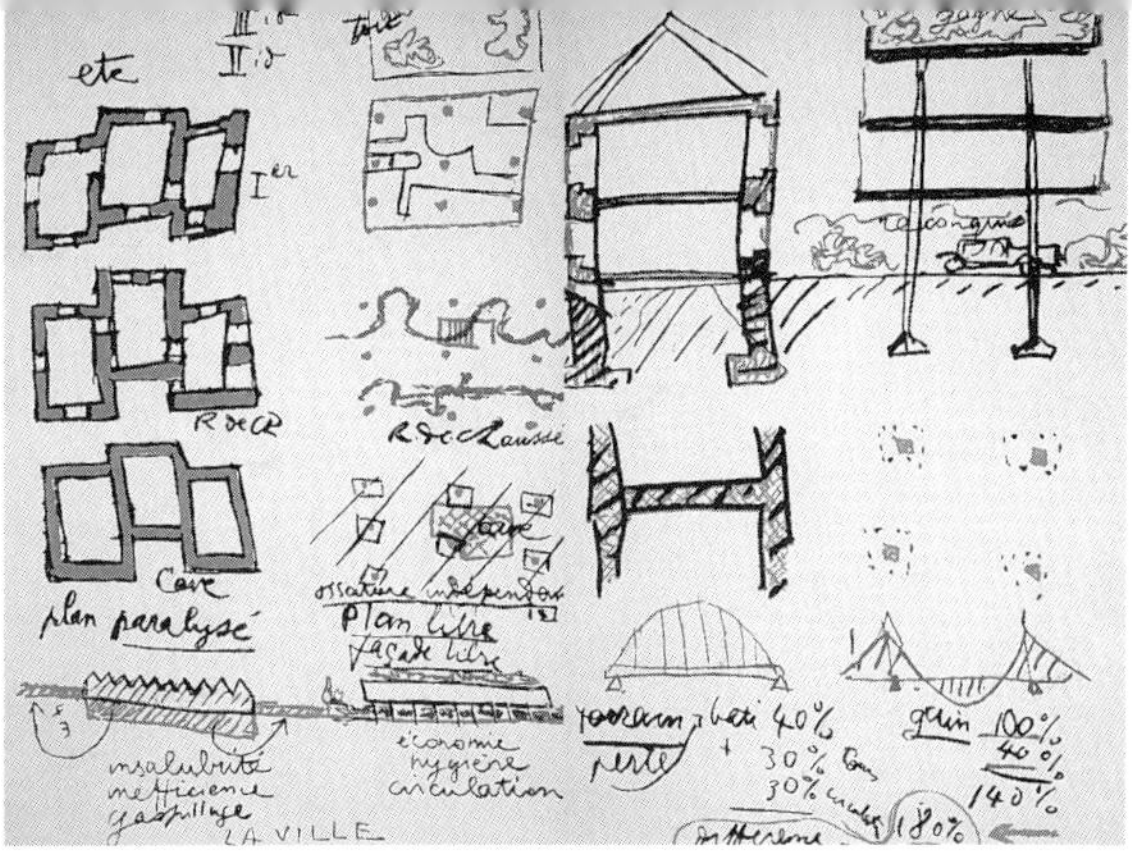

五原則（新しい建築の5つの要点）（1925）

ドミノ（1914）

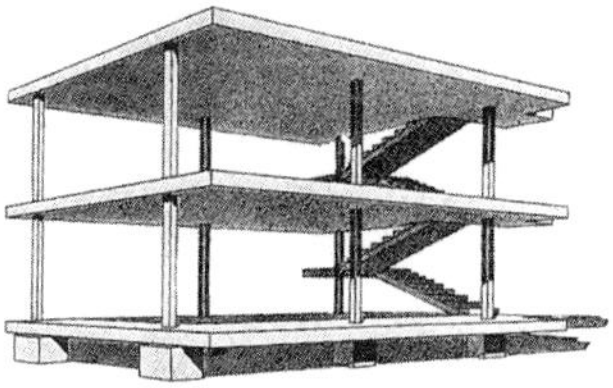

彼自身が語る原理や方法は、「軽やかな白い箱型」をつくる「自由な薄い壁」を実現するための工夫が軸となっていて重要だが、実際の作品がもつ複雑な特徴や魅力を説明するには、それらだけでは余りに不充分である

ワイゼンホフ住宅展でのP. ベーレンスの作品

同展での両者は、「白い箱型」だという以外は、全く異なる想像力の産物に見える

ワイゼンホフ住宅展（1927）でのコルビュジエの作品

1920年代には多くの建築家が白い箱型を生み出した。その中で異彩を放つコルビュジエ作品の魅力は、単に箱型だという以外の、またドミノや五原則で説明できるものとは違う特徴に宿っているだろう。それらを具体的に検討することで、近代様式における個性と成熟の問題がわかるはずだ

サヴォワ邸はもちろん、そこに至る多くの白い箱型作品は、各々が異なる個性をもっている。たとえばペサック住宅地（一九二六、44頁）に立ち並ぶ数十棟を見ても、ドミノや五原則では説明できない魅力的な表情に満ちているのがわかる。また参加者の全てが白い箱型を出品したワイゼンホフ住宅展（一九二七）でも、コルビュジエの二作品だけが、他とは違う、複雑で雄弁な語りかけを感じさせる。一九二〇年代の彼は、一見してわかる特徴だけでも、極めて多様な白い箱型作品を試みている。それらの豊かな魅力の数々のほとんどは、「ドミノ」や「五原則」では説明できない。原理で説明できるもの以外に、様々な表現テーマが意識されていたからだといえる。多彩で豊富な作品たちは、彼の想像力の中に多くの創作的手掛かりが用意されていたことを教えてくれる。それらを様々に睨みながら構想し、推敲することで、高度で個性的な作品世界が可能となったのだと思える。

サヴォワ邸に至るコルビュジエの作品群は、二〇世紀の古典として、多くの模倣や研究を生んでいる。単に近代様式の可能性の極を示しているだけでなく、作品としての高い完成と成熟に至っているからである。しかし白い箱型様式による「完成や成熟」とは具体的にはどんなことを指すのだろう。「比例が美しい」とかでは余りに不十分である。少なくとも、「空中の直方体」でありつつ同時に示されている他の特徴がその手掛かりとなるはずだ。この点で彼の一九二〇年代は、再検討される必要がある。「箱がつくられ、それが浮いた」という程度の説明ではなく、決して単純ではないはずの過程の全体を詳細に眺めるべきだろう。序章ではまず、この時期の多くの作品を挙げ、サヴォワ邸に至るコルビュジエの創作的問題の基本を捉えたい。

❷「空中の突出」から「空中の孤立」へ——主役の成長／実体の系譜——

サヴォワ邸は、突然に「空中の直方体を！」とひらめいて生み出されたわけではない。一九二〇年代の彼の作品は、近代様式の極に至る創作的冒険の内容を伝えている。部分の徴候だったものが、成長し、ついには旧来の建築像の逆転にまで至るという過程が、実作の連鎖として追跡できる。

いくつかの計画案を経て、最初に実現した白い箱型の作品はパリ郊外のヴォークレッソンに建つベスヌス邸（一九二三）だった。いまだ軒庇は残っているが、狭く薄く退化し、消滅寸前に見える。全体は、立ちはだかるような板状の姿で、街路側に小さな箱型の突出をもつ。他にはポーチの屋根があるのみで、目立つ特徴は乏しく、この些細な付加物が目をひくだけである。施主がコルビュジエへの依頼を決定した動機は、展覧会で見たシトロアンII（一九二二）の石膏模型（49頁）だったという。ピロッティが最初にあらわれた住宅で、二層分の高さの居間が、空中で突出する姿である。サヴォワ邸の革新からは遠いものの、「空中の住空間」の最初の出現だった。芸術家の住宅（一九二二）も全体の半分が突出部分になっている。この時期の彼のテーマは、ピロッティにより「空中の突出部分」を強調することにあったようだ。とすればサヴォワ邸も、「地上の箱」がピロッティという発想を得て、そのまま垂直に持ち上げられて成立したのではなかったはずだ。「本体からの突出部分」として確保された「空中の空間のかたまり」が、やがて全体を支配していって成立したのではないだろうか。そう単純ではない形態の変化過程が想像されてくる。

労働者の住宅（一九二二）は箱型で、円筒型と小突出とをもつ。ベスヌス邸も同時期で、初期案は円筒型を、実施案は小突出をもつ。故郷では円弧が多用されたが（41頁）、一九二〇年代になって突出部がテーマとなっていく。その交替期が、革命の始まりであることを、これら二例が語っている。

こうして、展覧会の一年後に完成したベスヌス邸の些細な突出部も、見逃せなくなってくる。シトロアンIIでは計画案ゆえに大胆な、巨大な箱型の突出だった。ベスヌス邸では、臆病な、ほとんど最小限の箱型である。しかしその範囲内で、同様な「空間が乗り出す」ような効果が感じられる。壁と窓が包み取るような形状をなし、「外からの付加物」ではなく、本体の「内からの突出部分」であることが示唆されているからである。見過ごしやすい、ごく小さな特徴だが、当時の彼のテーマの最小の実現という意義をもち、「空中の直方体」への最小の予言だともみなせる。この僅かな突出が、サヴォワ邸の革新へと至る流れの、実作としての第一歩なのである。

ラ・ロッシュ邸（一九二四）では、曲面壁の画廊部分が細い円柱で支えられている。ピロッティの最初の実現だが、やはりサヴォワ邸の「空中での孤立」からは遠い。巨大な本体の、端に付加された棟が空中にあるだけである。しかしベスヌス邸では単なる箱型の出窓のような姿だったものが、ここでは全体が膨らむように「内部の存在感」を強調している。空中で前方へと乗り出そうとするような、空間自体の自己主張が迫ってくる点では、進化したともいえる。プラネクス邸（一九二七）の外観は、中央に箱型の突出をもつ。寝室の一部が街路側へと飛び出した部分にあたる。ここでは、「空間のかたまりを空中へと押し出す効果」へのこだわりが、回型の構図と重なっている。

一九二〇年代なかば以降、ピロッティをもつ計画は多い。最小限住宅（一九二六）やベゾー邸初期案（一九二八）等では、部分的で、「空中の住居」という印象は薄い。クック邸（一九二六）は、五原則が意識され、全面ピロッティ型に近い。しかし両側を隣家に挟まれ、「空中で孤立する」効果はいまだ弱い。救世軍宿泊所（増築、一九二六）では、既存棟から「乗り出す」ような白い箱型が、二層分のピロッティ上にあり、「空中での孤立」を強調している。しかし、隣地に囲まれた閉鎖的な庭に面するピロッティであり、彼が主張するような都市的な意義は希薄である。むしろ「突出しつつ空中にある」という視覚的効果のために採用されたと思える。

ヴォワザン計画（一九二五）や国際連盟案（一九二七）では、大ピロッティが、上部の巨大重量を持ち上げている。しかし、旧来の建築像を逆転したような斬新さは、本来が保守的な小住宅の方が効果的だろう。「空中で完結する直方体」という、幾何学的世界の特性を集約したような効果をより雄弁に語りうるのである。ワイゼンホフ住宅展（一九二七）での二作に至ると、「空中の箱型」という印象が全体を支配するようになる。いまだそれほど強力ではないが、サヴォワ邸の「空中での孤立」という効果に、ずっと近づいているのがわかる。

ベスヌス邸では「僅かな突出部」だった。その掲げられたような小さな箱型は成長し「部屋を含む巨大な突出」となる。さらに「全体が空中に掲げられた効果」が優位になっていく。サヴォワ邸は、この流れの最後の、「空中での孤立効果」が最も強力になった地点に位置している。こうしてコルビュジエによる「建築形態の逆転」は、全体の「ごく一部が空中にある」というべき「小突出」が成長し、やがて建築形態の全体を特徴づける状態にまで至る過程だったと理解されてくる。

ベスヌス邸初期案　当初は円弧を併用した箱型だったことがわかる。まずは故郷で好んだ方法が試され、次いで、後の展開を予言するような「箱型の突出」へと変化したらしい

ベスヌス邸（1923）　竣工時（上）と現状（下）。入口庇以外には、壁中央の小さな箱型の突出のみが目立つ外観だった

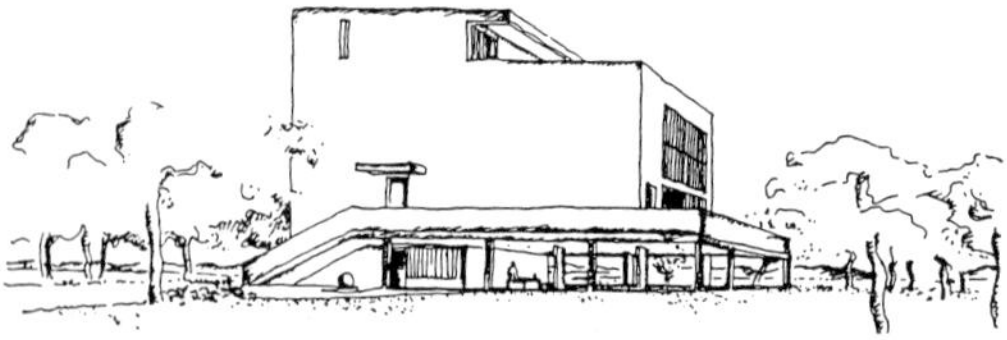

シトロアンII（1922）　ピロッティに載る「空中の住空間」の最初の出現としてサヴォワ邸を予言する

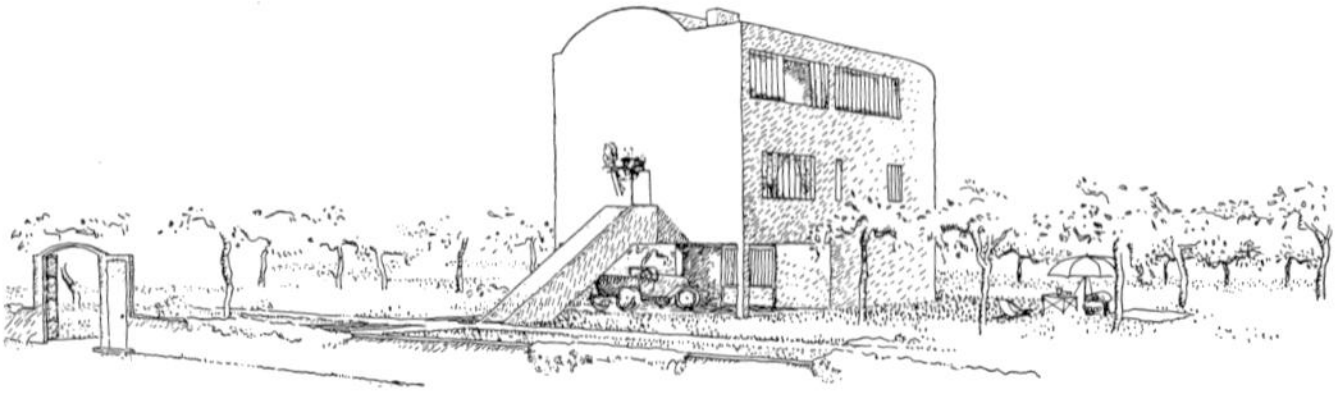

芸術家の住宅（1922）「突出部」としての「空中の住空間」が、より大きくなって「孤立」を強める

主役の成長　「空中での僅かな突出部」が「部屋を含む巨大な箱型の突出」となり、ピロッティが併用され、ついにはサヴォワ邸の「空中で孤立する箱型」に至るという成長の過程がたどれる

ラ・ロッシュ・ジャンヌレ邸（1924）　ピロッティにより、本体から大きく突出した画廊部分がさらに空中で手前へと膨らんで自己主張する

労働者の住宅（1922）　全集第1巻の初版に発表し、後に削除。『建築をめざして』には掲載。このいわば当落線上の作品には、故郷で好まれていた円弧と、この後に好まれる「箱型の突出」という2つの特徴が共存し、ベスヌス邸の設計過程をも思わせる

プラネクス邸（1927） 2階の寝室の一部が街路側へとはみ出し、立面中央の箱型の突出となる。ベスヌス邸の「出窓」的な僅かな乗り出しが、「部屋を含んだ大きな突出部」へと成長したとみなせる

クック邸（1926）（左） 単なる突出部が「空中の箱型」へと進化する際、ピロッティが決定的役割を果たしたろう

救世軍宿泊所（1926）（右） 現状。2層分のピロッティが、「空中の箱」の「孤立的な効果」をより強める

ワイゼンホフ住宅展の出品作（1927） **独立住宅**（左）**と連続住宅**（右） ともにピロッティにより、斜面という地形の運動感と、空中で完結する直方体とが、効果的に対比されている

❸「空中の窪み」から「空中の孤立」へ――主役の成長／空虚部分の系譜――

前項で見た、「空中の突出」が「空中の孤立」へと成長する過程では、ピロッティが決定的な推進役を担っていた。しかしこの時期の彼には、突出部やピロッティがない計画も多い。「空中の直方体」へと向かう進化過程とは無縁で、重要性が低い作品群なのだろうか。しかしそれらを詳細に眺めると、ピロッティを用いずとも、「空中の直方体」が表現されている例もある。「主役の成長」にまた別の流れがあることがわかってくる。

ヴィラ型共同住宅は、晩年まで繰り返される「集合の理想型」の最初のひとつである。全集第一巻には、同じ名称の三種類の計画案が見出せる（一九二二年、二五年、二九年）。平面などに相違はあるものの、全てに共通する特徴は、街路側に凹部が並ぶ点である。ペサック住宅地の初期案のいくつか、チューリヒ・ホルンの集合住宅（一九三二）も、同じ特徴をもつ。この時期の彼のこだわりが、見上げられるように掲げられた「窪み部分の反復」にあったことがわかる。そして個々の凹部は単なる空中テラス部分という以上に、端正な比例で整えられた「空虚な箱型」というべき存在感を誇示している。「空中で完結する透明な直方体」が表現されていると感じさせるのである。

シュタイン邸（一九二七）の別名「レ・テラス」とは、庭側に大きく抉られた凹部を指す。それは、白い箱型に窪み状に「透明な直方体」が重なった[C型とも表記できる効果をつくっている。オザンファン邸（一九二四）も似ている。建て詰まった市街の敷地一杯に建ち、サヴォワ邸のような「空中の白い箱型」等はとても実現できない条件である。全体は台形筒のような不整形で、屋根は工場のようなノコギリ型をなし、純粋な直方体からは遠い。斬新な幾何学的建築というには、いかにも不純に見える。しかし街路側には、透明な直方体が掲げられた効果が見える。上部のアトリエ階では、窓と天井の三枚の大ガラス面が呼応し、空中に透明な箱型の存在感を示唆している。シュタイン邸と同様に、白い箱に、「窪み」のような凹型の姿で、純粋立体が重なって見えるのである。プラネクス邸も窪みをもつ。中央の突出と対比され、上下に凹凸が並んだ表情であった。一方、レージュ住宅地（一九二四）やペサック住宅地のジグザグ型（一九二六）では、細い線材が囲み取る「透明な直方体」が掲げられ、街路を活気づけていた。

前項で見た「突出部分」や「ピロッティ型」は、現実の壁が囲む「実体としての直方体」を空中に浮かせていた。一方、実体のない見通せる箱型、「空虚としての直方体」が空中にある様も表現できることがわかる。視覚的効果の演出とでもいうべき特殊な方法だが、ピロッティという強引な手段は不要で、素材や構法などにも直接は制約されず、より純粋で透明な「空中で完結する幾何学立体」を表現することが可能な方法だともいえる。

一九二〇年代のコルビュジエ作品に見出せる二種類の箱型は、一方は実体、一方は空虚で、全く異なる表現世界に属しているように見える。しかしそのもととなる構想は、ともに「空中の直方体」だったろう。想像力の中のある同じ原型が、現実の物体としても、空虚な部分としても表現できる。彼の一九二〇年代の白い箱型作品を豊かに彩る凹部と凸部は、実は同じイメージを共有しているらしい。現実の多様な発想、多産な創作世界が、実は意外に狭い根にもとづいている。現実の建築以前というべき、ある形態的こだわりが、豊かな表現世界のもとになっているらしい。であれば、そこまで実体のない抽象的な段階で何にこだわっていたかにまで遡って考えるべきだろう。

現実の建築の問題に即して形態を思い描くのは不自由でもある。新たな形態や空間を発想するにしても、建築以前の状態の方が自由に飛躍もできる。その意味で彼の絵画作品は興味深い。二次元の画面を通して模索した彼なりの新たな芸術のあり方がよくわかる。この時期の、単純で透明な図形が重なり合う線画（一九二四）は特に示唆的である。現実の存在感が抜け落ち、三次元としての凹と凸のような区別がなく、実体と空虚とが同等に扱われている。現実の空間では両極的な、「実体としての箱型」と「空虚な箱型」とが、区別されずに存在できる形態世界が構想されている。シュタイン邸やオザンファン邸には「白い箱と透明な箱との重なり」があった。それは想像力の中では、この線画のような「輪郭だけの図形の重なり」だったのだろうと思わせる。新しい芸術のあり方として彼が思い描いた形態世界、その特徴を典型的に示すのが、単純な輪郭が重なり合ってつくる複雑さと緊張だった。そうした独自な視覚的スリルの可能性を、建築形態にどう生かしていくかが工夫されただろう。絵画で確認された形態的緊張が、個性的な建築表現を生み出す直接の刺激となっていく。二次元での「抽象的な図形の重なり」は、現実の建築形態としては「白い箱と透明な箱との重なり」として表現するのがふさわしいと判断したのだとわかる。一九二〇年代のコルビュジエが示した独自な建築形態は、より大きく自由な構想を背景とし、個々の建築作品の充実という狭い目的を超えて広がる想像力の世界を垣間見せている。

シュタイン邸（1927）　白い箱に、テラスの「大きな窪み部分」がえぐり取られ、庭側を特徴づける

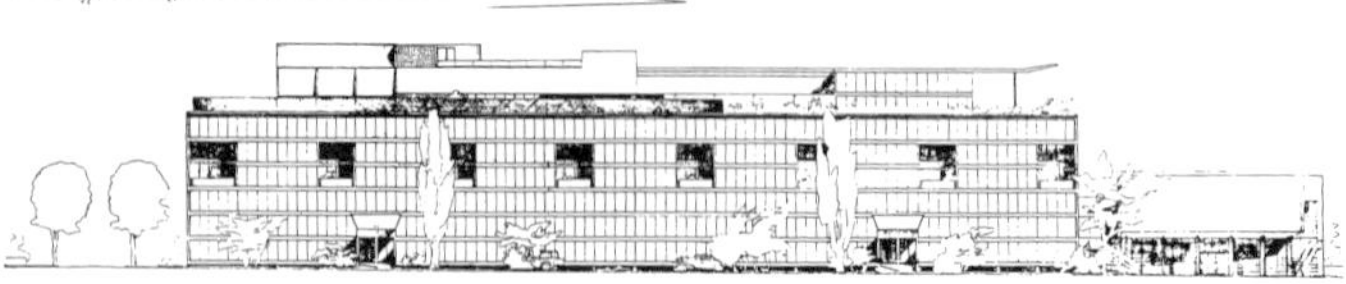

ヴィラ型共同住宅（1922）（上）とチューリヒ・ホルンの集合住宅（1932）（下）　1920年代には白い箱型に空虚な部分をえぐり取る方法も好まれた。空中に「透明な直方体」が確保されたような効果である

続・主役の成長　突出部分やピロッティがなくとも、白い箱の「窪み」部分が、「空中の直方体」を示唆している「凹型」の例があり、もうひとつの「主役の流れ」をつくる

オザンファン邸（1924）　全体は敷地の形状に従った不整形な箱型で「純粋立体」からは遠い。しかし、3枚の大ガラス面が呼応し、空中に窪み状に「透明な直方体」の存在感を示唆している

プラネクス邸（1927）　中央の突出の上に小さな窪み部分をもち、2つの流れが併置されている

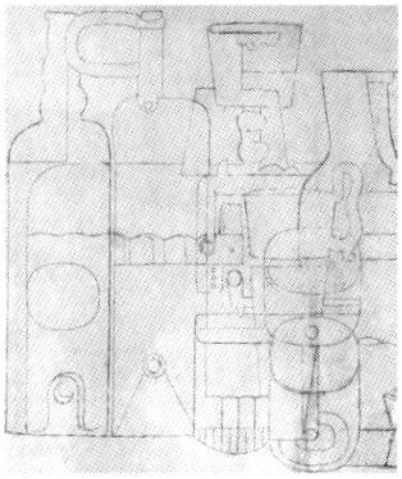

ピュリスムの静物（1924年頃）　描かれたずっと後に全集第5巻（1946-52）に1頁大で掲載。「絵画的なものと建築的なものの同時的探究。これらの年月の間にル・コルビュジエの建築的形態は生まれた」と解説。「白い箱と透明な直方体が重なる」効果は、こうした感覚の表現だったようだ

レージュ住宅地（1924）**修復前**（上）**とペサックのジグザグ型**（1926）（下）　ともに白い箱の「窪み」とは違うが、線材が直方体の輪郭を形成し、空中に「透明な直方体」を掲げる、という同じ想像力を感じさせる

❹「実体かつ空虚」としてのサヴォワ邸——高度な統合の極——

コルビュジエは、サヴォワ邸を最後に、白い箱型住宅から離れていく。新様式として可能な「極」にまで到達した以上は、それより先には進みえないということだろう。しかしそれほど単純ではなさそうだ。単に「極」であるという以上に、サヴォワ邸には、多様な創作的問題が集約されている。

「住宅の四つの型」は、全集第一巻に、サヴォワ邸の計画案と並んで載っている。それまでの実践を振り返り、新しい住宅の「全体的な意図」の典型を分類したものである。第一の型は、ラ・ロッシュ・ジャンヌレ邸（一九二四）のように、必要に応じて部分をつなげていったもの。第二の型は、シュタイン邸（一九二七）のように単一箱型という全体テーマに各部を押し込めたもの。第三の型は、ベゾー邸（一九二九）のように、骨組みを外にあらわし、各層を独自に構成したもの。サヴォワ邸（一九三一）は、これらの利点と特色を備えた第四の総合型の例だとされている。一九二〇年代に彼は白い箱型の様々なあり方を試み、多彩な作品を生み出してきた。サヴォワ邸は、それらの結論なのだとわかる。白い箱型を通して試みるべきテーマが、少なくとも「型」としては出尽くしてしまった。構想の基本である「空中の直方体」が「極」の実現であり、同時に典型的な可能性が総合されてもいるのなら、確かにサヴォワ邸は「終着点」だろう。しかし、また別の問題もある。

サヴォワ邸は、白い壁で箱型に囲み込まれた住宅である。しかし、その壁の外が外部で、内が内部だと、明快に切り分けられているわけではない。二階では、諸室は、約九メートル四方の大テラスの回りに並んでいる。「空中の箱」は、光を求めるように上空に開かれている。ピロッティ上で直方体状に囲む白い壁の、内側にも外部が大きく入り込んでいるのである。空間の性格としても、居間とテラス、テラスと外部といった区別は弱い。白い箱型の内部には、外と全く同じ、均質で透明な明るい広がりが満ちていると感じられる。さらに外周の四面全てに最大幅の水平連続窓が開いてもいる。このため、四方からも、上方からも容易に見通せる箱となっている。一見して「外から内を隔てて包む箱」だが、同時に「視線を遮らない透明な直方体」でもある。「実体としての白い箱」であり、かつ「空虚な箱型」でもあるという、二重の性格を併せもっているのである。シュタイン邸の白い箱型と凹型部分、オザンファン邸の白い箱型とガラス箱部分、こうした実体と空虚が、ぴったりとひとつに重なっているのだと理解できる。確かにサヴォワ邸は、「空中の直方体」という意味では、一方の「極」を実現している。同時に、そこに至る「実と虚」というべき対照的な二つの流れの統合という意味ももつことがわかる。それまでの多面的な追究の、最終的な到着点、ひとつの形態世界を極めたというという意味がここにもある。

彼が一九二〇年代に生み出した多彩な建築の表情は、背後に独自な世界の広がりを感じさせる。同時期の線画（29頁）がそれを具体的に教えてくれる。そこでは、彼が求める新しい芸術の緊張やスリルが、建築形態に託される以前の純粋な状態で語られていた。他の建築家の白い箱型作品とは異なる多彩な意匠は、単に「発想が豊かだ」という以上の個性的な想像力の世界に支えられていたはずだ。絵画に見られる輪郭だけの図形の効果と、現実の建築形態という、両方を睨んで発想すること。空中の直方体を、実体としても、空虚部分としてもイメージするという、両極を往復する想像力の広がりが、単なる箱型にも、豊かな表情を与えうるもととなっていたのだろう。サヴォワ邸ではその両極が重なり合いつつ、同時に高度に成熟した表現にも至っている。類まれな名作として、いまだに魅力を放ち、様々に参照されているのは、こうした、白い箱型様式にかかわる多くの本質的な問題が重なり合っているためだ。しかし、それは同時にこの「実と虚」を往復するような想像力を質的に変えぬ限り、新たな形態的スリルと、その発見に伴う創作的な緊張は望めない極だということでもある。

一九二〇年代のコルビュジエが興味深いのは、革命的であり、同時に、白い箱型という狭い範囲内で、最大幅の可能性を試み、多彩に成熟した作品群を生み出した点にある。多くの作品が見せる斬新で豊かな表情の数々は、そのつどの思い付き的な工夫ではない。ところで「空中の直方体」「四つの型」「透明な図形の重なりにもとづくような表現」等の問題は、狭くは、もっぱら白い箱型様式にかかわるものである。しかしコルビュジエの一九二〇年代は、彼の生涯にわたる創作活動の、基礎となる模索がなされたという出発の時期でもある。白い箱型様式にかかわる可能性を網羅するような多彩な試みの中には、たとえ無意識にせよ、白い箱型様式という範囲に収まり切らないような、あるいはより根本的な創作の問題も含まれていたはずだ。いくつかはむしろ、一九二〇年代という範囲を超えて、はるか晩年の作品をも予言している。白い箱型にかかわる多彩な試みは、戦後にまで至る長い持続的な追究の冒頭部分でもある。際立って実り多い成果を残した偉大な創作者の世界、何が独自であり、それがどう展開したのか等を捉えるには、まずこの時期が最初の注目点となる。

主役は「明るい太陽のもとで鋭い輪郭を誇示する幾何学立体」である。同時に、大テラスをもつことで、上空へと手を広げた姿をも併せもつ、「透明な光に満たされた直方体」でもある

一見して「白い箱型」だが、内部が見通せる「透明な直方体」という効果ももつ。この意味で、「実体」と「空虚」という2種類の「主役の流れ」を統合してもいる

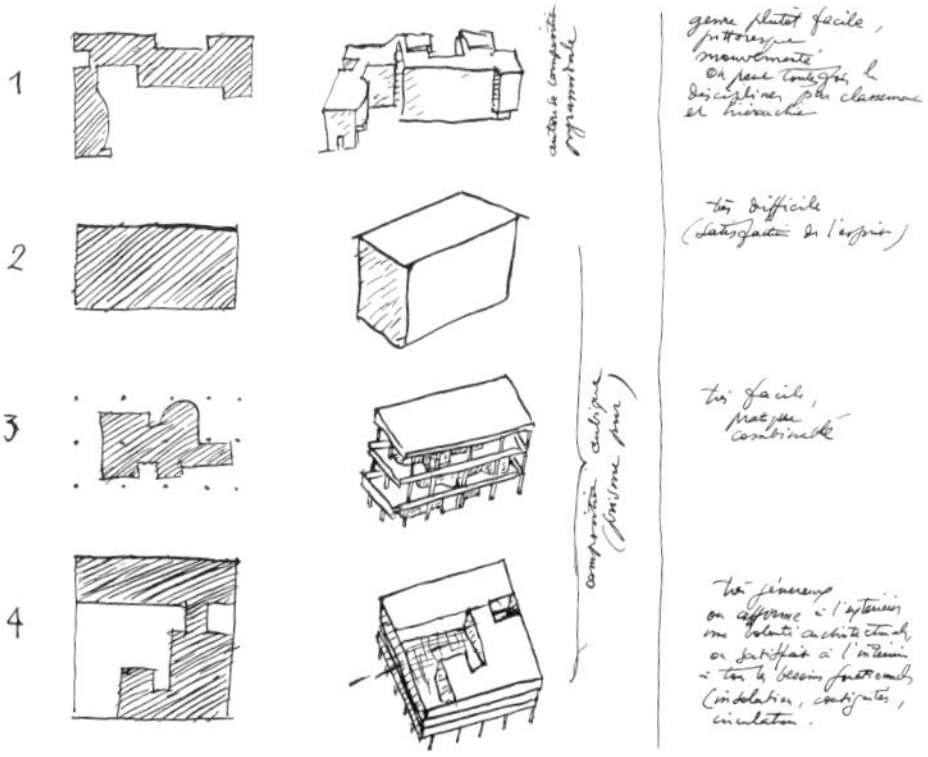

住宅の4つの型（1929） それまでの実践経験から、白い箱型の「作品の方向」や「全体的な意図」の型を分類したものだとされる。彼の創作を支えた、ドミノや五原則とは別の方法がわかる。サヴォワ邸は、可能な3種類の型の「総合型」として、結論的に位置づけられている

結論としてのサヴォワ邸（1931） 「空中の直方体」として、近代様式の一方の極を実現しつつ、様々な重要な特徴を合わせもつ高度な結論という意義をもつ

❺「実体と空虚」とが同等な「□型」——建築形態と幾何学形態——

近年取り壊されたボルドーのトンキン住宅（一九二四）は、全集第一巻の初版には掲載され、後に削除された。確かに未熟な印象はあるが、重要な原型的性格ももつ。両側を隣家に挟まれ、小規模で、一立面のみが街路にあらわれるという限定の下で、彼なりの問題が語られている。まず一階全体が後退しているため、二階の矩形壁面だけが強調されて見える。一立面のみという範囲内で、「空中での幾何学的完結」に近づいている。そこに至る階段が誇示されている点が目をひく。外観全体は、二種類の要素が組み合わされ、さらに□型というべき、「完結型＋階段」の姿なのである。同時期のレージュ住宅地（一九二四）の初期案や、二種類の最小限住宅（一九二六）もほぼ同様な正面をもつ。以上はみな、他に特徴が乏しい箱型で、ほとんど唯一のこだわりが、「空中の矩形」と「そこに至る階段」とをセットにするという点にあるという印象を与える。

芸術家の住宅（一九二二）の正面も□型である。大きく乗り出す「空中での孤立部分」に階段が昇っていく。シトロアンの応用例として、パリの別荘、海辺の別荘という二つの計画案が全集にある。制作年は明記されていないが一九二〇年代前半だろう。ともにこれまで見た例以上に、ピロッティが大きく、空中での孤立効果が強い。それに呼応するようにL型に強調された大階段が付く。両者がより強調されて組み合わされた□型だといえる。

オザンファン邸（一九二四）のアトリエ内部には、梯子のような階段が付いた空中の小部屋がある。部分的な特徴であり、なければ小部屋に入れない機能的に不可欠な階段でもある。しかし□型で室内を特徴づけているともいえる。ピロッティ型のルシャール住宅（一九二九）は、収納等の機能が一階にある。一階と二階をつなぐ動線は内部にはなく、外部の階段へと遠回りする必要がある。不便ではあるが、そのために全体は、より純粋な□型となってもいる。サヴォワ邸では、斜路や階段は内部を貫き外部にはない。しかし全集第一巻に掲載の初期案（一九二九）には、直角に曲がる階段が突出している。いったんは手慣れた□型でまとめ、後に階段を消したのだろう。ウィリアム・カーティスは、あえてこのサヴォワ邸初期案と上野の国立西洋美術館（一九五九）との類似点に注目する。後者の実際はあまり使われていない階段も、機能的というよりは、形態的なこだわりの結果だろう。三〇年を経て、本体が重く閉鎖的な箱となっても、□型は繰り返されている。

□型は、部分も含め、時期や機能や規模によらず繰り返される。この「セットとしての原型」は、彼の形態の問題を教えてもいる。確かに一九二〇年代の彼は幾何学的完結形態を目指していた。しかし「空中で孤立する直方体」を表現するだけでは不十分だったようだ。別の意図も重なっていた。それが、一見して「高度な完結効果」を損なうような外部階段を付加させたらしい。

サヴォワ邸の「軽やかに宙に浮く白い直方体」は、重さのない図形のようである。建築形態が、抽象的な幾何学の世界に接近している。「空中での孤立」とは、実際は大地に根差すはずの建築が、大地とは無関係に「幾何学的に完結」している姿だといえる。しかしそれが徹底されるほどに、より純粋な幾何学世界には近づけても、建築には見えなくなっていく。従って、抽象的な図形であり、かつ現実の建物でもあるという、両方を同時に表現する工夫が重要になってくる。建築と幾何学とが折り

レージュ住宅地の初期案タイプＢ（1924 以前）

トンキン住宅（1924） 街路側の一立面という範囲内で「空中での幾何学的完結効果」を表現。さらにその主役に至る階段をもつ「ロ＼型」という、「セットとしての原型」であることが予言的

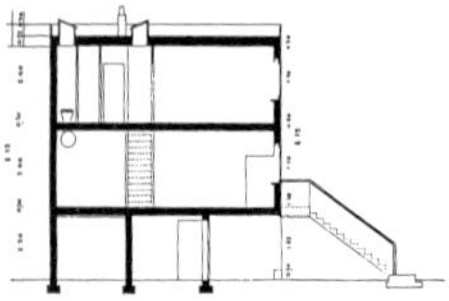

最小限住宅（1926）断面図 上掲作品とともに、1階が小さく「空中の箱型」に近い。しかし完全な「空中での孤立」とはせず、「ロ＼型」セットをつくる

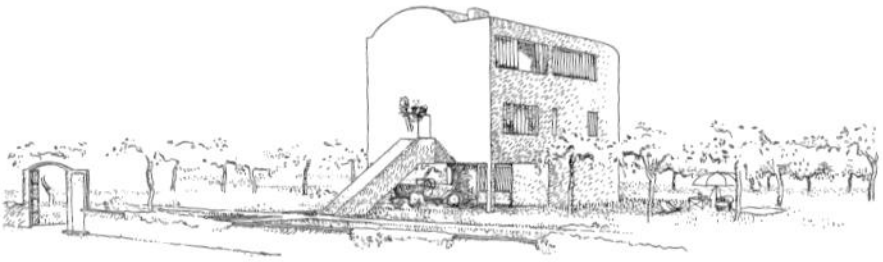

芸術家の住宅（1922） 空中の突出部分へと階段が上昇し、前面部分は「ロ＼型」の効果によって特徴づけられる

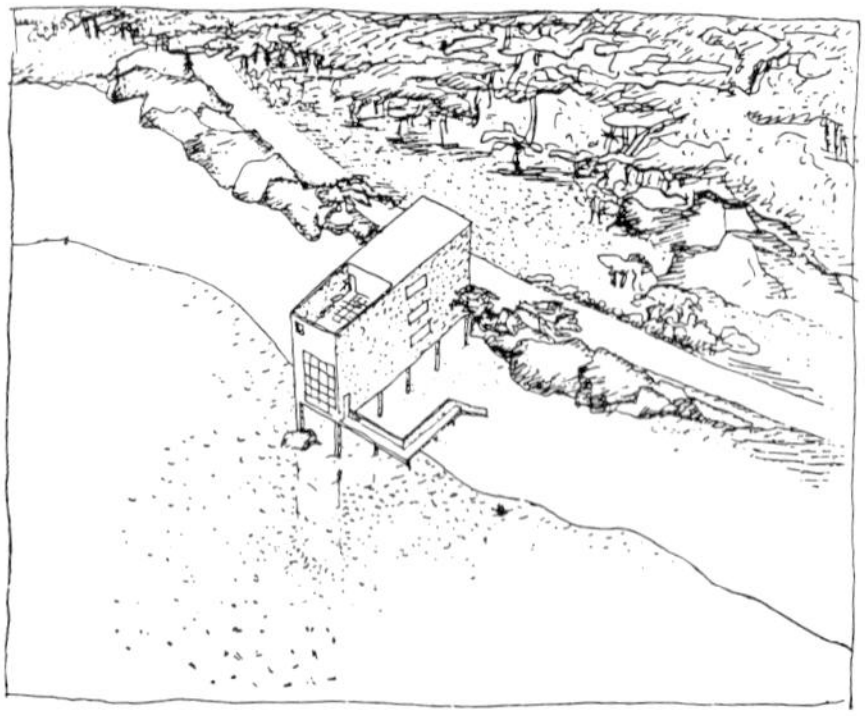

パリの別荘（左）と海辺の別荘（コートダジュール）（右） シトロアンの応用例とされるが、より完全なピロッティ型に近づき、同時に外部階段も大きく折れ曲がって存在を誇示する。より強い表現を対比し合うことで、セットとしての「ロ＼型」の個性が強調されている

セットとしての原型 両方の「主役の流れ」には、ともに「ロ＼型」が見出せる

シュタイン邸（1927）　階段はが空中テラスと庭をつなぐ。同時に、オザンファン邸とも似て、白い箱型に重なる「透明な直方体」に、階段が付加されたというセットの実現だともいえる。「空虚な主役」が「口＼型」として扱われている

オザンファン邸（1924）　アトリエ（上）では、吹き抜け内の、天井から吊られたような小読書室へ、梯子のような階段が上昇。外観（左）では、ガラス面が示唆する透明な直方体へと螺旋階段が伸び上がるよう。内外で相似形のように「口＼型」が繰り返される。主役は「実体」と「空虚」で、対照的だが、同等のセットとなって対比し合う

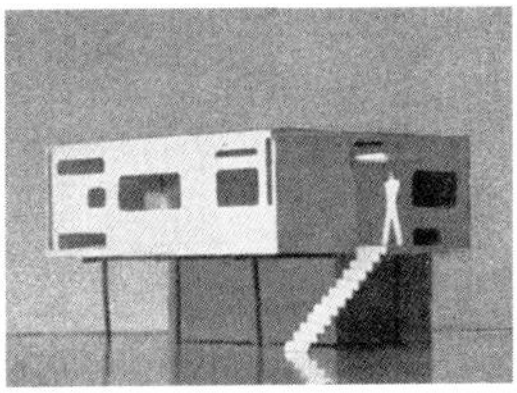

ラニの金属住宅群（1956）（左）**とルシャール住宅**（1929）（右）　時期は異なるが、ともに「空中の金属の箱」に対し、あえて外階段を巡らせる動線により、「口＼型」のセットを誇示している

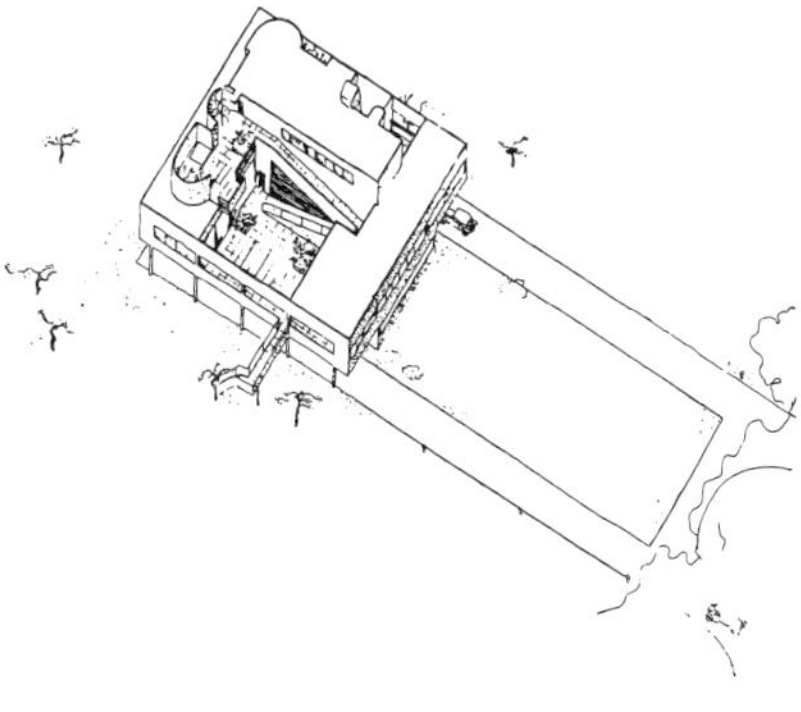

サヴォワ邸初期案（1929）（左）　全集第1巻掲載。階段が飛び出す点で実施案と異なる。それがずっと後の東京の**国立西洋美術館**（1959）（上）に似ているともされる。「ピロッティ」や「空中の箱」という以上に、「口＼型」が持続している

合った地点をどう示すかでもある。たとえば「人間の行為を受けとめる器」であることを、最小限の手段で示せばよいだろう。孤立しているようでも、階段があれば、大地から人が入り込みうること、内で人が活動するための箱であることが表現できる。こうして□型は、幾何学図形に、建築の固有性を、最低限の付加物で与えたという意味での原型セットだとみなせる。

オザンファン邸では、上部に「ガラス箱」の姿が示唆され、足下には螺旋階段が貼り付く。「空中の直方体」と階段とのセットだとみなせる。シュタイン邸の庭側の凹部にも階段が付く。むろんテラスから庭へ下りるためだが、□型がつくられてもいる。白い箱に重なる「もうひとつの主役」は、より透明で抽象的な存在でありつつ、階段により、人間を受け入れる器だとされてもいる。

こうして「実体としての白い箱」も「空虚な凹部」も、彼が構想した「空中の直方体」は、どちらもしばしば階段を従えている。一見して両極的というほどに異なる二種類の直方体が、全く同等なものとして扱われていることがわかる。ともにサヴォワ邸という革命へと向かう、兄弟のような両者であれば当然でもある。さらにまた、「円筒型の上に直方体が載る」という組み合わせも、「実と虚」の区別なく見出せる（63頁）。主役の流れとして、「実と虚」という二つの系譜があると指摘することの妥当性が、これらの例からも確かめられるのである。それは同時に、現実の具体的表現以前、実と虚の相違が生ずる以前の、想像力の深い層に発した構想のあり方を暗示してもいる。

第一章　「ト型」と「Γ型」——持続する輪郭——

　サヴォワ邸は、当時の建築家たちが無意識のうちにも求めていた「新たな様式の極」を示しつつ、白い箱型の様々な可能性を統合して見せていた。彼の一九二〇年代に注目し、近代建築の誕生と、「優れた創作」のあり方を検討するなら、まずはこの豊かに広がる想像力のあり方を具体的に眺めるべきだろう。「主役の流れ」からは説明し難い様々な特徴に、時代の動向と寄り添いつつ、個々の創作の場面を支配する彼自身の問題、時代を超えた個性の実り多い部分が見出せるはずだ。

（1）「輪郭の原型」の始まり――もうひとつの流れ――

❶「透明な直方体」を指し示す「卜型」――ペサック住宅地――

パリに定住する以前、コルビュジエは故郷で七作品を完成した。後の革新とは無縁に見えるものの、興味深い特徴もある。最初の三作は、土着様式に近く、個性に乏しい。しかし東方旅行後につくられた四作は、様々な影響を反映しつつ、「円弧の使用」で特筆される。まず両親の家であるジャンヌレ・ペレ邸（一九一二）では、箱型を基本に、円筒状の張り出し部分が付く。パルテノンに影響されたともされるアプローチ動線も、この円弧部分を効果的に見せるよう演出されている。隣町に建つファーブル・ジャコ邸（一九一三）では、住居本体の前面に、大きく低く円弧状に前面広場が囲まれている。訪れた者は、まず、大地に沿った円弧に迎えられるのである。立面のみを担当したというシネマ・スカラ（一九一六）では、切妻型の正面を、半円形に切り抜いたような意匠が目をひく。半世紀後にヴェンチューリらに影響を与えたともされる立面である。故郷で最後のシュオブ邸（一九一六）は、円筒型の張り出し部分が、本体の箱型を両側から挟み込んでいる。この作品には様々な予言的特徴が集約されているが、基本は矩形と円弧との対比効果にある。以上、平面、立面、凹型、凸型と、扱い方は多彩だが、「円弧へのこだわり」という点では一貫している。自分なりの形態世界を探る、この時期の彼の具体的問題のありかが感じ取れる。

それから一〇年後、彼はボルドー郊外のペサックの地に五一棟の白い箱型住宅を完成した（一九二

ファーブル・ジャコ邸（1913）　そびえる本体とは対照的な、低く這う前面の円弧部分が迎える

シュオブ邸（1916）　箱型の両側に、巨大な軒庇が大地を押しつけるような円筒状部分が控える

ジャンヌレ・ペレ邸（1912）　アプローチの演出は、旅行で見たパルテノンの影響とされる。斜面路を昇り、玄関に至る前に、箱型の本体と半円筒型との対比が印象づけられるよう仕組まれている

シネマ・スカラ（1916）　切妻型を大きく円弧状に切り抜いたような意匠だったが、現在は改変

円弧　故郷での7作のうち、後半の4作は、何らかの意味で「円弧」を使っている

六)。ここでも同様な特定の輪郭へのこだわりが見出せる。住戸は七種類だが、全てが何らかの意味で「凸型」なのである。立面は四種類が「凸型」で、二種類が凸型をなす。それに平面の「凸型」が一種類と、位置や向きを問わず多彩に出現している。「凸型」は、故郷でこだわっていた「円弧」よりは特殊な輪郭というべきだろう。即座にはその真意が理解し難いとはいえ、ここまで繰り返されていることには、重要な意味も感じ取れる。決して気まぐれではない意図的で独自なこだわりとして注目される。

ペサックにはピロッティ型の住戸はない。予算や規模の制約もあってか、他にも「五原則の実現」といえる特徴は少なく、革新的な性格は弱い。むしろ多彩に使われる「凸型」が、サヴォワ邸に至る「主役の流れ」とは別の形態的問題を示唆しているとも思える。序章で見たのは、時代の動向と重なりつつ「空中の直方体」へと集約していく特徴群であった。それとは別の、彼の個性的追究の部分が託されているのではないか。一見して地味なペサックでの試みの中の、やや特異ともいえる「凸型輪郭へのこだわり」に、意外な重要性が感じ取れてもくる。

ペサックには、様々なあり方の「透明な直方体」が登場している。北側境界に沿って並ぶアーケード型では、平面の「凸型」の突出側に、住居本体とほぼ同規模の空虚部分がある。このため、反復されると、白い箱と透明な箱とが、「凹凸の交替」とでもいうべき効果を示すのである。ほぼ中央に並ぶグラット・シェル型やヴリナ型は、側面の立面形が「凸型」をなすが、その上部の突出部が空虚部分となっている。透明な直方体が、屋上に高く掲げられたようである。最寄りの駅から訪れ、最初に出会うのがジグザグ型と、続く中央通りのケコス型だが、ともに側面はト型の立面形をなす。その突出部分はテラスとなっているが、「直方体状のフレーム」を上に載せてもいる。前面に「空虚な直方体」を掲げたような姿なのである。こうして、ペサックでの形態的こだわりは、単に「凸型」輪郭という以上のものだということがわかってくる。三種類の向きの「凸型」住戸は、全てが、突出側に空虚な直方体部分をもっている。単に「輪郭として好きだ」という以上に、何らかの空間的な問題とかかわる意図と重なっているようである。さらには、建築形態の全体にかかわる、ある個性的な想像力の世界が、背景に感じ取れてもくるだろう。

　ペサックに見られる多彩な「凸型」の中では、特にト型立面が注目されるのは、前面に大きな「空中の透明な直方体」を掲げもっているからである。一見「主役の流れ」とは無縁な単なる「好みの輪郭」とも見えるト型が、「主役の流れ」の「虚の系譜」(25頁)と交差してあらわれてくる。実際この「横になった凸型」、すなわちト型は、一九二〇年代を通して繰り返し出現し、さらに晩年に至るまで、多彩な変種を生み出してもいく。長く持続する「輪郭の原型」だといえる。一九二〇年代のコルビュジエは、いかにも「立方体や直方体という純粋立体を好んだ」という印象を与える。しかし、一見して単純な「白い箱型」と見える作品も、よく見ると意外に複雑な特徴をもっている。単に「幾何学的純粋さ」を表現するのではない、別の意図が様々に感じられもする。その複雑さには、単に白い箱であることを超えた彼の個性の部分が宿っているだろう。まず、ペサックに見出せる、特異ともいえる輪郭の好みの、特にト型について、実例に沿いつつ検討していきたい。

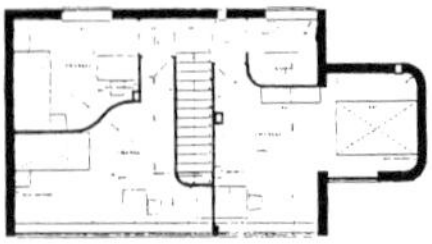

アーケード型は平面が「凸型」。突出側に、巨大な空虚部分である屋外テラスをもつ

グラット・シェル型（右）、ヴリナ型（上）、イソレ型（下）では、立面が「凸型」。上への突出部分それ自体が「空虚な直方体」となって、街路から見上げられる

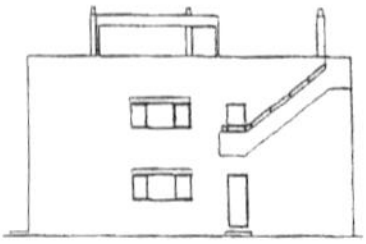

「凸型」　ペサックの７種類の住戸は全て「凸型」で、突出側に空虚部分がある

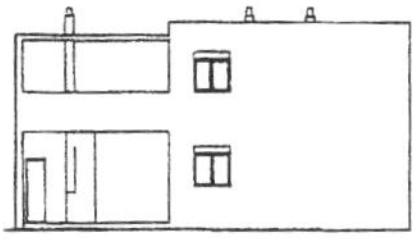

ジグザグ型（上と左）とケコス型（下）では、立面が「⊏型」だが、突出部は幅が狭く、シトロアンIIのように、内部を部屋にはできない。その替わりのように、街路側に「線材による直方体」を載せている

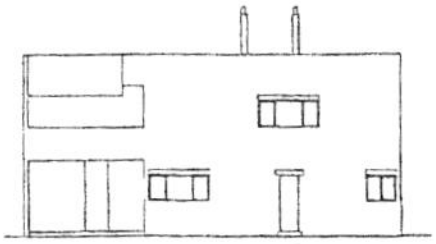

ジュメル型も「⊏型」の立面をもつ

❷「ト型」の始まり——原型の中の原型——

シトロアンⅡ（一九二二）で、ト型が、最初に明快な姿をとって登場する。このⅡは、シトロアン（一九二〇）の改訂版とされる計画である。技術的発想に秀でた従兄弟のピエール・ジャンヌレが加わったためか、構法が一新されている点が目立つ。同じ白い箱型に見えるが、シトロアンでは分厚い組積壁による構造だったのに対し、Ⅱではドミノの発展ともいえる骨組み構造となった。前者は、大地に貼りついた素朴な箱型だったが、後者では、より自由な形態が可能になっている。そこで試みられたのがト型輪郭だった。ここで初めて登場したピロッティは、好みのト型輪郭を現実につくり出す手段として発想されたとも思えてくる。

シトロアンⅡは、「大地から離れた暮らし」を語る点で、サヴォワ邸の直接の先祖だといえる。その居間はト型の突出部分として空中にある。サヴォワ邸の革新を予言するかのように、居間の、二層分の大きな空間のかたまりを、空中へと押し出した姿が、ト型の輪郭なのである。ここでもト型は、「主役の流れ」と交差しながら、その個性を主張している。

レージュ住宅地（一九二四）は、ペサックの前哨戦ともいえる計画である。全集第一巻の初版には、二枚の写真が掲載されたが、後に削除された。確かに五原則からは遠く、簡素な箱型というだけで、後の作品と比べ見劣りがする。しかし全七棟のうち、街路側の三棟がト型をなす。初期案は□型だった。「単なる箱」という以上の個性を、当初は付加された階段で演出し、最後はト型に託した。模索の時期であった一九二〇年代前半、白い箱型が並ぶ住宅地が最初に実現できる機会に、後に繰り返される二つの代表的な原型が試されていたことがわかる。この頃に多いパリやその周辺での計画に比べ、敷地は広く、法的な制約も緩い。一方で予算は厳しい。こうした与条件が、彼にとって重要な少数の原型を、そのままの状態で試させたのだろう。そしてそれがペサックへの予言ともなっている。レージュの**卜型**をなす三棟は「透明な直方体」をもってもいるからである。

　ペサックの初期案には、多くの凹部をもつ高層型があった。街路から見上げられる「透明な直方体」の反復が特徴的だった。しかし計画は縮小され、結局、低層で小規模なものばかりの実現となる。アーケード型は、緩い円弧屋根をいただく凹部をもち、二層で低く大地を這う。一方グラット・シェル型には、小さいとはいえ、屋上中央に、見上げられるような透明な直方体がある。全集には、これらの屋上突出の複数が重なった奥行き効果が写真で示されている。この図版を掲載したことが作者の意図を教えてもいる。しかし、奥まった位置にあり、三階の屋上の高さにまで昇って初めて見える光景でもある。街並みの表情を直接に性格づける効果は弱い。これに対し、街路空間を生き生きと性格づけているのが**卜型**住戸である。ジグザグ型やケコス型で**卜型**に載る「直方体フレーム」は、レージュの場合と同様、街路側に押し出された効果を示す。初期の高層案ほどではないが、見上げられる「空中の直方体」の反復が、街並みを、直接に性格づけている（8頁）。

　四階建てのシトロアンIIと比べ、ジグザク型やケコス型は、高さが半分の、低く伏したような**卜型**である（45頁）。突出部も一メートル余の高さしかなく、内部を部屋にすることなどはできない。しかし**卜型**は、空間的想像力と結び付いており、図形として示されるだけでは不十分だったのだろう。そこで線材で直方体をつくり、突出部の上に載せる必要があった。こうして、薄い┗┓型は主役の流れと交差し、シトロアンIIに似た、「空間のかたまりを空中に押し出す」表情に近づく。それが彼にとっての満足できる表現だった。彼の形態的こだわりは、単に「好みの輪郭」を示すだけでは不充分で、より広い、空間的な意図も含めた背景と動機に裏付けられているらしい。

ラ・ロッシュ邸（一九二四）の、内部から膨らむような画廊部分は、側面が┗┓型をなす。敷地境界に接した見難い場所の立面だが、ここでも┗┓型は、空中へと乗り出す空間の存在感と重なって登場している。一方サヴォワ邸は┗┓型とは無縁で、主役は空中で孤立して見える。しかし、屋上端に立つ、機能的意味が希薄な曲面壁は注目される。風除けとされるが、空中で孤立する直方体に、前方へと乗り出すような表情を与える点では、┗┓型に近い意図が感じられる（16頁）。

以上の他にも┗┓型の例は、縦長、横長など、部分の特徴も含め数多い。サヴォワ邸に向けて進行しつつあった「主役の成長」は、しばしばこの┗┓型輪郭と交差していく。時代を集約するような「空中の孤立」と、いかにも個人的偏愛のような「好みの輪郭」が重なった姿が、個性的な作品世界を生み出している。┗┓型へのこだわりは深く、しかも建築形態の全体を構想する想像力に参加しているようだ。一九二〇年代のコルビュジエは、単純に「幾何学的に純粋な輪郭」だけを好んでいたわけではない。□⌟型の場合と同様、別の意図が重なりながら「空中の直方体」へと成長していったらしい。時代様式の誕生に寄り添いつつ、少しずれ、ときに交差しながら進化していく、彼の創作世界の独自なあり方がわかる。

シトロアン（右） 白い箱型住宅の最初の例とはいえるが、壁は組積造で分厚く、斬新さは弱い
シトロアンII（左） 最も明快な「ト型」の例。「空中の住空間」は、「ト型」の一部として、空中へと押し出された部分として始まった。この突出部が、孤立する効果を高め、サヴォワ邸に至ったのだろう

グラット・シェル型（左） 全集第１巻には，屋上の突出部分の重なりがつくる透明な奥行き効果が感じ取れる写真が載っている
ペサックの初期案（下） 透明な直方体が多数掲げられた全体は、「⊑型」が増殖した姿だといえる

レージュ住宅地（1924） 初期案は「ロ型」、実現した７棟のうち、街路側の３棟が「ト型」。代表的な２種類の原型により推敲されたらしい。ここでの「ト型」は、突出部分の下や脇に「直方体状の空間のかたまり」をもつ点でも、ペサックのジグザグ型やケコス型を予告している。「ト型」の突出効果が、「空間的な突出」と重なって構想されている点が重要な持続的特徴だろう

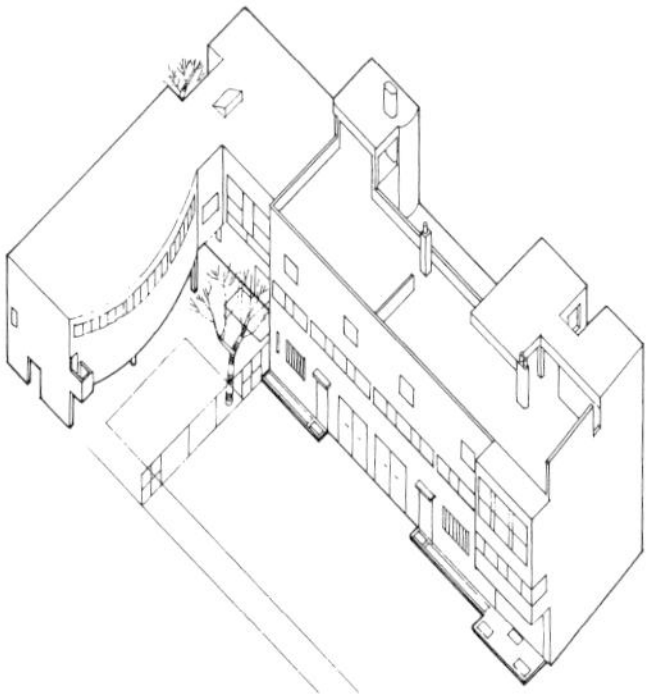

ラ・ロッシュ・ジャンヌレ邸（1924） 画廊翼の端に小バルコニーをもつため、この部分の側立面は「ト型」となる。それが画廊空間の膨らむような主張を増幅する

「ト型」 ペサックでの様々な「凸型」の中で、特に「ト型」が重要となっていくのは、それが「空間のかたまり」を空中で押し出す効果と重なりうるためだ。「実体」と「空虚」という両方の「主役の流れ」と交差しうる点が重要だったはずだ

❸「『型」の系譜——もうひとつの「好みの輪郭」——

芸術家の住宅（一九二二）は、住空間の大半が空中に突出している。ト型同様、後に繰り返される『型輪郭の最初の出現である。実現作ではレマン湖畔の住宅（一九二五）が最初だろう。外観は、地に這う低い箱型だが、断面では一端が掘り込まれている。機能的説明もできるのだろうが、『型輪郭の実現ともみなせる。ごく小規模で施主は両親。まず平面を作成し、その後にふさわしい敷地を選んだという。彼にとっての最低限の原型的性格が集約されうる条件だったろう。そこでの単純な箱型に重なる形態的主張が『型断面だった。

ラ・ロッシュ・ジャンヌレ邸（一九二四）の最も手前の部分は、上部が乗り出した『型の箱である。しかし外壁一枚だけが上に伸ばされ、妻面の輪郭はト型をなしている。アプローチでは、二種類の好みの輪郭が重なった姿が、まず見えてくるのである。一方、最も奥では、画廊部分が左へと大きく突出し、アプローチ側の全体輪郭もまた、大きな『型をなす。訪れる者を二重の『型が迎えるともいえる。他の部分も含め、様々に好みの輪郭で個性化された作品なのである。シュタイン邸（一九二七）の設計過程で最後まで選択に迷ったとされる案が、全集第一巻に掲載されている。手前に突出する棟をもつL型の平面形は、ラ・ロッシュ・ジャンヌレ邸とよく似ている。加えて、左側にピロッティをもつ『型の全体輪郭も同じなのである。

先に見た線画（一九二四、29頁）は、彼のこの頃の想像力のあり方を教えている。好みの輪郭が様々に重なって並ぶ画面であった。斜めから見た壜の形は歪んで美しくない。視点の位置に拠らない普遍的な姿として、真上から見た円形と、真横から見た側面形が選ばれて描かれる。皿の円形、ギターの胴等、そのものに固有な特徴を集約しつつ純化された輪郭にこだわっている。それらが画面に集まり、重なりあって、独自な複雑な形態世界が生み出される。建築でも同様に、彼にとっての「重要な輪郭」が求められたことが想像できる。円や正方形という幾何学的純粋さが目指されたのではない。建築に固有な何らかの特性を集約した「原型的な輪郭」が探されたに違いない。一九二〇年代前半から出現するト型やΓ型は、そうした例だといえる。

ペサックのヴリナ型の本体は直方体である。しかし開口が下の片側に集中し、Γ型の壁が切り残された姿でもある。着彩立面図では、背後の樹木が明瞭に描かれて、開口の透明さが強調され、Γ型が浮き立っている。「好みの全体輪郭」というだけでなく、「立面の表情」の基本を性格づける際にもあらわれているのである。チャンディガール議事堂（一九六四）は、一九五〇年代の重い彫塑的造形が、北アジアの過酷な風土と出会って強調された典型例だといえる。一九三〇年代に白い箱型を捨てて変貌し始めた彼の軌跡の到達点でもある。ここでも断面は一端が掘り込まれたΓ型だが、立面にも、切り残された壁のΓ型が読み取れる（67頁）。

郊外の週末住宅（一九三五）は、屋根を土が覆い、重く低く大地に同化する洞窟的住居である。シトロアンIIからサヴォワ邸に至る、一九二〇年代の軽やかで幾何学的な「空中の暮らし」とは正反対の方向が示されている。しかし断面は一端が掘り込まれたΓ型である。上野の国立西洋美術館（一九五九）の外部階段は、Γ型と三角形の組み合わせで、単なる階段という以上の形態的な個性を語る。

芸術家の住宅（1922）　シトロアンⅡと同年につくられた計画で、明瞭な「┏型」を示す最初の例

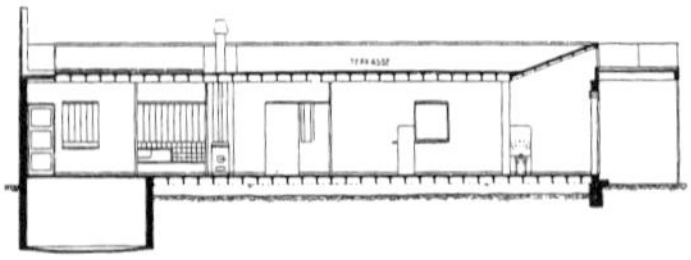

レマン湖畔の住宅（1925）　外観は単純な白い箱型に近いが、断面は一端が掘り込まれた「┏型」

ラ・ロッシュ・ジャンヌレ邸（1924）（右）　手前は「┏型」の箱の外に「伸び上がる壁」が立つ「┣型」立面。奥では画廊部分が左へと突出し、アプローチ側の立面全体は「┏型」。好みの輪郭が重なり合い、単なる幾何学立体とは違う生気と、個性的な複雑さを生み出す

シュタイン邸（1927）　全集掲載の、最後まで選択に迷ったとされる案。奥深い敷地にL型平面で対応し、左にピロッティをもつ「┏型」立面をなす点で、ラ・ロッシュ・ジャンヌレ邸に近い

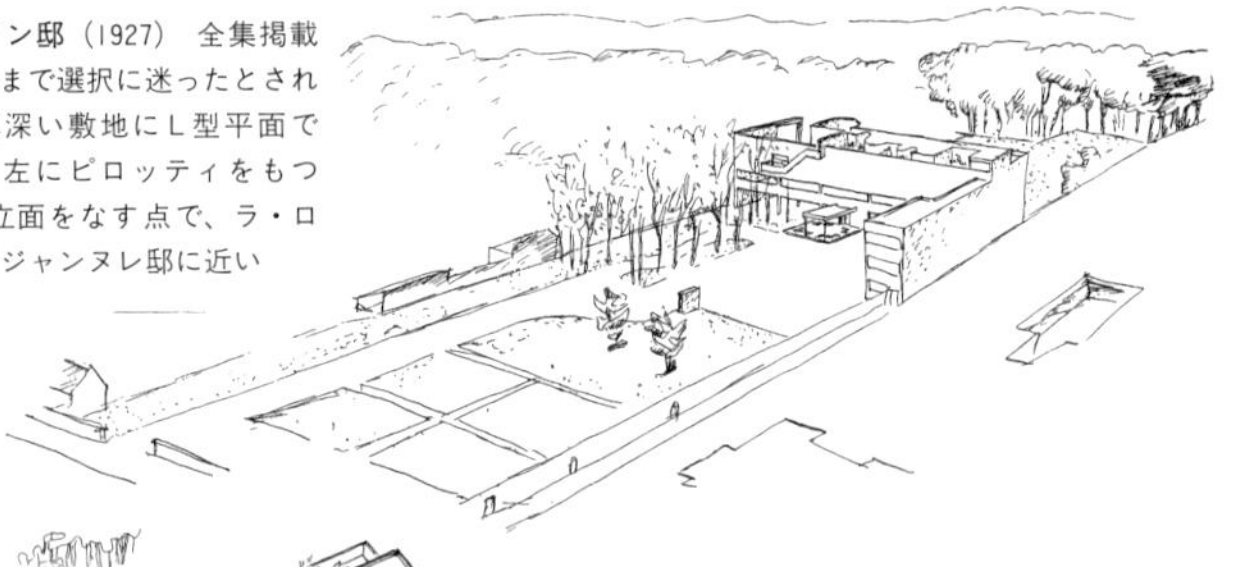

「┏型」「┣型」の突出部が「空中での孤立」をより強めたのが「┏型」でもある

国立西洋美術館（1959）「┌型」が明示され、その突出の先端を、マルセーユのユニテに似た柱が支える。閉鎖的な箱に付加された、訪問者を迎える突出部で、好みの形態が複合されている

郊外の週末住宅（1935）（下） 空中のサヴォワ邸の対極ともいえる「大地に臥した洞窟的な住居」だが断面は「┌型」。好みの輪郭は持続しつつ、住空間としては正反対のイメージへと変化している

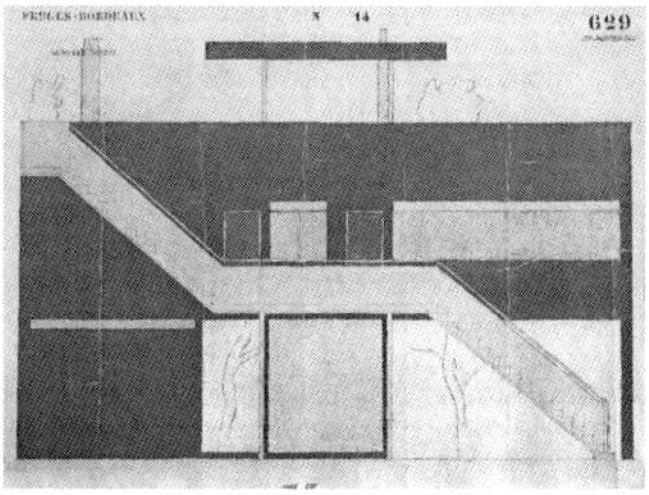

ペサックのヴリナ型（1926） 輪郭は長方形だが、開口が右下に集中し、背後が見通せる効果が強調され、切り残された「┌型の壁」が浮き立つ。好みの輪郭で個性化された矩形立面だといえる

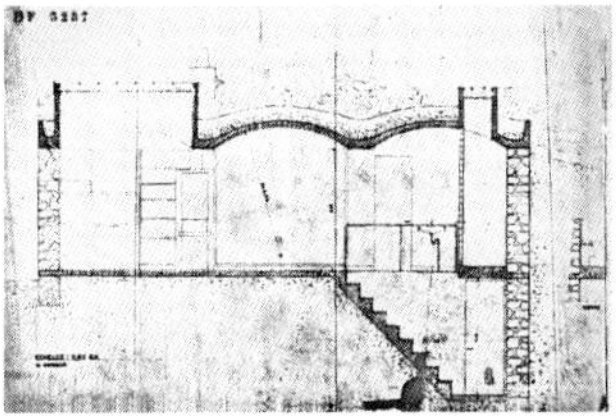

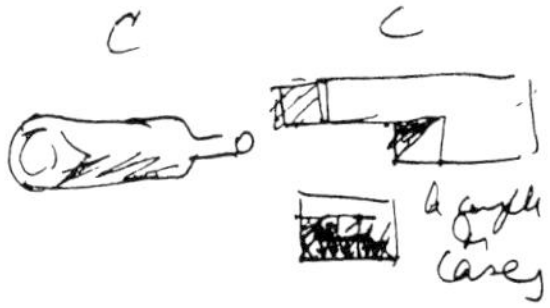

全集第5巻に掲載のスケッチ 「C）壜そしてC）マルセーユのユニテ割住み住戸のひとつ。これはひとつの完結体（後略）」と説明されている。壜は「├型」、住戸は「┌型」として描かれている

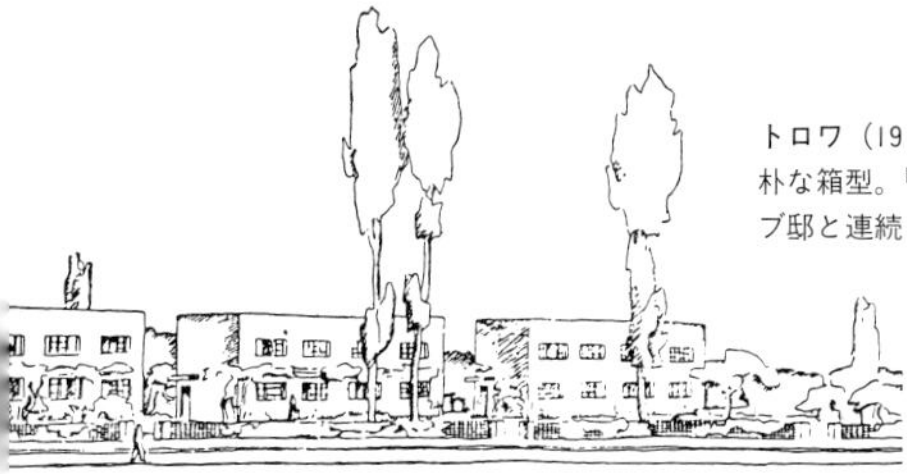

トロワ（1919） コンクリート造だが、一部に軒庇を残した素朴な箱型。「高い箱と低い箱の併置」という構成感覚はシュオブ邸と連続し、一端が掘り込まれた断面は「┌型」の萌芽

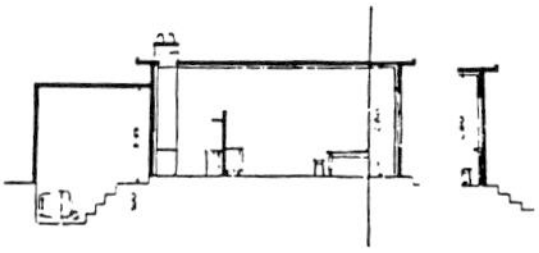

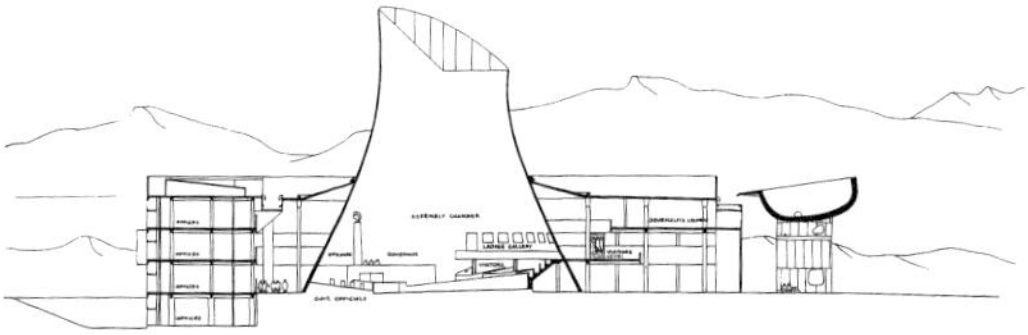

チャンディガール議事堂（1964） 広大な原野にあって、あたかも一端を大地に定着させるために掘り込んだような「┌型」断面をなす。妻側立面には、開口部が切り残した「┌型」の壁が浮き立つ（67頁）。断面と立面の同じ原型的輪郭が、個性を増幅する

┏型は、一九二〇年代から最晩年まで、全体と部分、機能、風土等によらず多彩に見え隠れしていく。それは彼の個性の持続する部分を反映しているだろう。

トロワ（一九一九）は、翌年のシトロアン（一九二〇）よりずっと素朴な箱型である。軒庇をもち、窓も矩形で、最初期の未熟さが感じ取れる。その外観には個性的特徴は見出し難いものの、断面では一端が掘り込まれている。地下室というには余りに浅い。むしろ「箱型の端部を大地に定着したい」とでもいうべき意図が感じられ、┏型の起源を教えてくれる。┣型は主に立面にあらわれ、┏型はむしろ断面に発していた。ここでも「好みの輪郭」という以上に、空間的想像力と一体となった背景がありそうだ。単にとりとめもなく広がるのではなく、一端は地中へと向かう。トロワは┏型を支える空間像の原点だといえる。一九二〇年代には、内外が均質な、幾何学世界そのままのような広がりが信頼され始める。しかし彼が個々の作品を具体的に生み出す場面では、大地と垂直に関係する起点をもとに、水平な広がりを構想することが重要だったらしい。

この時期の彼を、「純粋形態の美を信頼した」と理解するだけでは不十分である。基本は幾何学でも、それを超える独自なこだわりが様々にあった。直方体そのままでは建築にはならない。それは、幾何学図形というだけでは、無性格で無愛想だから、ということでもないようだ。□型も┏型も┣型も、単に表情を豊かにするための工夫ではない。建築全体や空間にかかわる、あるこだわりが重なった、より本質的な創作の原型だといえる。そして単に幾何学図形にすぎない直方体に重なる想像力のあり方が、建築形態の独自性がどうイメージされていたかを映してもいるだろう。

(2)「存在感の対比」という骨格——変貌の背後に見えるもの——

❶「水平の覆い」と「垂直の塔」——ワイゼンホフ連続住宅とロンシャン教会堂——

コルビュジエがワイゼンホフ住宅展（一九二七）に出品した二棟のひとつ、連続住宅は「ランドスケープの上に浮かぶ直方体のプリズム」で「彼がイメージする理想社会に近い」（W・カーティス）と評されている。実際、斜面上の敷地で、サヴォワ邸以上に強力な「空中での孤立」効果が演出できる条件だった。しかしピロッティ部分は背後を完全に塞がれているために薄暗く、見通すこともできない。最も重要と思える「浮いている」効果が、大きく損なわれているのである。サヴォワ邸の「孤立」とは別の効果が目指され、あえて塞がれたのだと理解するしかない。

ワイゼンホフ住宅展から二八年後のロンシャン教会堂（一九五五）は、一九三〇年代以降の彼の変貌の到達点だといえる。白い箱型様式とは全く違う。同一作者とは思い難い自由な彫塑的造形である。しかし形態や空間にかかわる想像力が一〇〇パーセント別のものに入れ替わったとも思えない。いかに変貌したようでも、一方には持続、蓄積されていくものがなければ、晩年の成熟などはありえない。たとえば、訪れて最初に出会う姿には共通する基本がある。二作品はともに斜面上で「覆いかぶさる」ような表情で迎える。見上げられる位置にあって、空中で大きく乗り出してくる。そんな「突出」や「覆い」の効果が支配する点で似ている。一見して一九二〇年代の「幾何学形態」と、一九五〇年代の「彫塑的造形」であり、目に映る姿は対照的である。しかし、むしろ全身の感覚で受け止めるような種類の、輪郭以前の、存在感の基本的効果とでもいうべきものは共通している。

両作品とも、背後に回ると全く異なる姿となる点でも似ている。「覆い」や「突出」の効果は消え、塔状の要素が支配するのである。それは、ワイゼンホフ連続住宅では「細長い直方体の階段室」で、ロンシャン教会堂では「丸頭の採光塔」である。機能も形状も全く違う。しかし「大地に直立する筒」が並ぶという存在感の基本が共通する。

約三〇年を隔てた二作は、前面では「水平、突出、覆い」という効果が支配し、背面ではそれが「垂直、起立、塔」という対照的なものに変わる。前面から裏へと回り込むことで、対極的な姿が体験できるという点では全く同じなのである。ワイゼンホフの連続住宅では、表も裏も、輪郭が幾何学的である点では統一されている。しかし輪郭以前の存在感としては対照的なのである。ロンシャン教会堂も、表も裏も、ともに曲線的造形という点では統一され、しかし厳密な輪郭によらない概略的なあり方としては対比が際立つ。それが建物を見終わった後に、得られた多彩な印象の数々を整理する手掛かりともなる。前と後の際立った対比が、作品を巡った体験を、記憶し、理解する枠組み、ある種の骨格的な特徴、構成的気分ともいうべきものとなるのである。

建築形態は、まずは目に映る輪郭の特徴から理解される。同時に漠たる存在感の効果も全身で受け止めている。輪郭以前の基本的なあり方が、目に映る様々な表情を載せているともいえる。絵画等と比べた建築の特徴とは、そうした存在感が、現実に深く語りかけうる点にもある。それは、われわれの建築にかかわる想像力の底に、輪郭以前の「形のもと」とでもいうものがあることを教えてもいる。

具体的な輪郭としての発想も、無意識のうちにそれに載って思い描かれているのだろう。

　ワイゼンホフでの、前面では突出し背面では直立する、という対比は妻側の『型立面に集約されている。『型輪郭は、建築体験としての「表と裏の両極的対比」をそのまま映している。一方、シトロアンII（一九二二、49頁）も、前面に「水平の突出」、背後に「垂直の塔」がある点では似ている。正面では、空中の居間部分が大きく前面に突出し、背後に回ると、大地から縦長の直方体が立つのが見える。ト型と『型とは、得られる形態的変化の骨格が似ている。ワイゼンホフで、ピロッティの背後が塞がれていたのは、表と裏の対比を際立たせるためだったことがわかる。それがサヴォワ邸とは違うここでの意図だろう。もしピロッティが見通せれば、背後に立つ階段筒の足下が目に入ってしまい、全体の骨格と対比効果は、一瞥で予想されてしまうからだ。

　「前面は突出、背後は直立」という漠たる対比感覚を、幾何学を通して語る方法も一種類ではない。一体の箱型に託せばシトロアンIIとなる。「横長の箱」と「縦長の箱」とに分け、各々の性格を強調しつつ組み立てればワイゼンホフ連続住宅になる。分解し再構成し、さらに斜面ゆえに誇張されている。同じ方法で、自由な彫塑的量塊を扱えば、塔と屋根とが対比し合うロンシャン教会堂になる。想像力の深い層にある同じ構成的気分は、異なった姿を通して語りうる。繰り返されるト型や『型は、背後の、輪郭以前の想像力の層での持続を証している。それが「一九二〇年代と一九五〇年代の直結」ともいえる特徴を生み出している。彼の発想は、多様なようでいて、意外に狭い範囲でのこだわりに支えられている。最大幅の変化が可能なようなこだわり方を持続しているらしい。

持続する「存在感の対比」 一見して全く異なるワイゼンホフ連続住宅（1927）とロンシャン教会堂（1955）には、視覚的効果の基本に、ある共通の対比が感じ取れ、28年を隔てて持続するものがあることを語る

ワイゼンホフ連続住宅　斜面上の見上げられる位置に建つため、サヴォワ邸以上に強力な「空中での孤立」が表現できたはずだ。しかしピロッティは背後を塞がれて暗く見通せず、敷地条件が生かされていないともいえる。しかし、また別の効果が目指されたとも思える

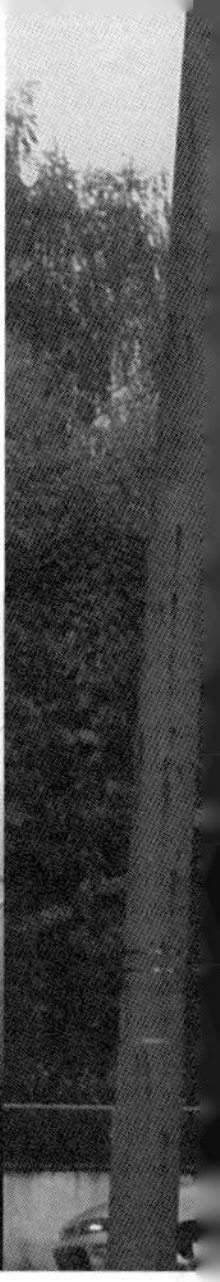

ワイゼンホフ住宅展の模型　手前が連続住宅。上から見ると、前面は「空中の水平の箱」、背後は大地に根差す「垂直の箱」という、異なる存在感の要素が接続されたという基本がよくわかる。ピロッティが塞がれ、正面からは背後が見えないために、両者の対比はより強力に体験されることになる

ワイゼンホフ連続住宅妻側外観とロンシャン教会堂　どちらも背後に回ると、「覆う」効果は消え、塔状の要素の「直立」が支配する姿となる。前面と背面との表情の対比が共通している

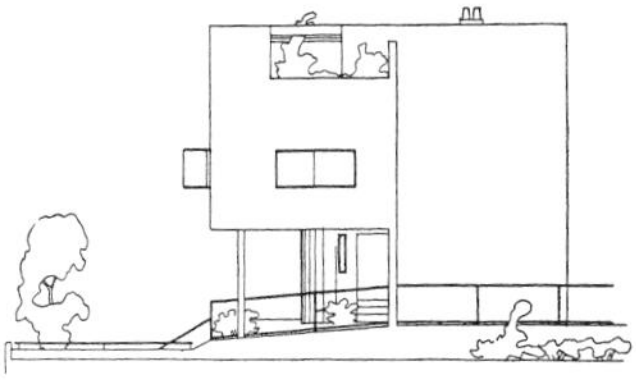

ワイゼンホフ連続住宅　妻側立面の「厂型」が、前面と背面の表情の変化、対比を集約している

ロンシャン教会堂　ワイゼンホフ連続住宅とは、一見全く異なるが、斜面上で乗り出しかぶさるようにあらわれる点では似ている

❷「空中の孤立」に重なる立ち方――もうひとつの構成感覚／立ち方――

サヴォワ邸（一九三一）は「空中の白い箱」である。しかしその効果だけで全体を支配し尽くすほど単純な作品ではない。周囲を巡ると表情は基本的に変わる。アプローチ側はピロッティ部分が狭く、宙に浮いた効果は希薄で、地面に根づいた安定した印象が強い。さらに一階と二階の壁面がほぼ揃っているため、大地から垂直面が切り立つようでもある。反対の庭側は頭でっかちで、最も不安定に見える。ピロッティは深く、屋上に大きな曲面壁が載ってもいるからだ。主役の直方体が、空中で覆いかぶさってくるようでさえある。訪れて最初に出会う表情と、回り込んで後のそれとが対照的なのである。前者は垂直的で、後者は水平的だともいえる。むろん「細い柱列の上の箱」という斬新さの基本は揺るがない。それを大きく損なわぬ範囲内で、表情の変化が重なり、別のことが語られる。全体は、背後で大地に密着し、正面で大きく身を乗り出すようでもある。ワイゼンホフの場合と似た表と裏の対比がある。基本的な存在感が『型に近いともいえる。主役は高度な完結を示しつつ、その主役が載る文脈、その「立ち方」が示唆する効果は、「前方へとはたらきかける姿」に近い。こうした表情を演出する背景には、そう単純ではない想像力の世界が感じ取れる。

先に□『型という原型を見た（34頁）。単に空中で孤立しているだけでなく、階段があることで、大地から人が入り込めることがわかる。幾何学図形とは違うことが、最小限のセットで語られていた。一方サヴォワ邸では、主役は「空中で孤立」しつつ、全体として、ある立ち方の中に位置づけられている。ともに「大地との関係」にかかわる緊張が重なって、単なる図形とは違う、現実の存在であることが感じられる。幾何学的完結に、それを補うような身体感覚の喚起が重なっているともいえる。

一九二九年の南米での講演で、当時工事中だったサヴォワ邸を説明するために彼が描いた断面スケッチが残されている。空中の「水平の箱」が、乗り出すように「垂直の箱」と交差した中型である。あまり正確ではなく、むしろ概略的に、全体の構成的な気分だけを誇張的に走り書きしたような図である。しかしそれゆえに、作者が与えたかった骨格的な効果と、それに伴う想像力の緊張のあり方が直接に伝わってもくる貴重なものだといえる。

シトロアンIIは「空中の住空間」の最初の例だった。しかしいまだト型の突出部分に過ぎなかった。その突出部が、最も「空中での孤立」という効果に近づいたのが、サヴォワ邸の中型だと理解できる。シトロアンII→ワイゼンホフ連続住宅→サヴォワ邸という過程は、ト型→┏型→中型という原型の流れだとも言い直せる。「空中での突出」から「空中での孤立」へと、三種類のあり方で変化している。この順で「突出」より「孤立」が優位になっていく。「突出」と「孤立」との相剋、その中で「孤立」が最も優位になってサヴォワ邸が生まれる。それが一九二〇年代の「主役の進化」だった。「孤立」が全体の見え方を支配するに至る過程だったとみなせるのである。単に「好みの輪郭」とはいい難い重要な意味が、こうして、より明瞭になってくる。

空間のかたまりが「宙に浮く」姿は、旧来の建築像を否定した極だといえる。であればサヴォワ邸は、さらなる前進が困難な袋小路でもある。この後彼が方向転換した主な理由だろう。しかし一九二〇年代には他にも多くの創作的問題が模索されていた。それらが全て捨てられたはずはない。特に建

南側　訪れて最初に出会う姿では、ピロッティは両脇に僅かずつしか見えず、また1階と2階の壁面がほぼ連続してもいる。従って、最も安定した静的な輪郭を示しつつ、「切り立つ垂直面」という効果にも近い

北西側　「空中の直方体」という基本が支配する範囲内で、全体は独自な「立ち方」示す。背後では大地に腰を降ろし、前方では空中に身を乗り出すような動的な緊張をはらんでいる

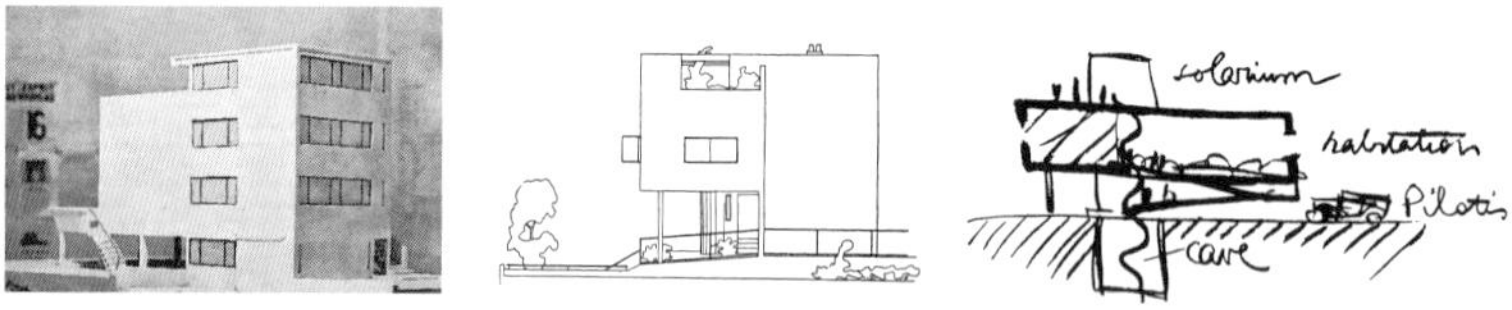

シトロアンII模型（左）・ワイゼンホフ連続住宅立面（中）・南米での講演（1929）で描かれたサヴォワ邸の断面スケッチ　右図の断面形は、いかにもラフな走り書きのようで正確とは言い難いが、それゆえ「全体の構成的な気分」とでも言うべきものが誇張的に託されたとも感じられる。「卜型」、「厂型」、「毌型」という原型たちは、全て、大地に根差す「垂直の箱」と、空中で乗り出す「水平の箱」との組み合わせである。この順で、各々の箱の独立性は高まり、両者の「対比」が際立っていく。「毌型」の「垂直の箱」がほとんど自己主張を抑えた状態が、「空中での孤立」の極といえるサヴォワ邸の誕生だったと理解できる。原型の進化が、逆転を生んだ過程がわかる

「変化する表情」と「立ち方」　サヴォワ邸（1931）の基本は「空中の白い箱」だが、その効果を損なわぬ範囲内で異なる表情が交替し、彼の想像力の底で持続するものを垣間見せる

オザンファン邸(1924)　空中の透明な直方体は、螺旋階段を包む円筒を従えている

クック邸（1926）　白い箱型が円筒に載るという点で、サヴォア邸を直接に予言している

ペサックのケコス型（1926）　透明な直方体は、円筒の上に載る。「虚」の主役もまた、サヴォワ邸を予言する構成感覚を語る

サヴォワ邸（1931）ピロッティ部分　空中の直方体は、細い柱に支えられているが、大地に沿って流れるような、半円筒型の上に載っているという構成感覚も重なっている

「円筒＋直方体」という構成　実体も空虚も「主役の流れ」はともにしばしば円筒を下に従えている。ここでも実と虚の２種類の直方体は同等に扱われている

北側　庭側に回り込むと全く表情が変わる。ピロッティは深くなり、屋上には風除けとされる巨大な壁面が膨らむ。全体は頭でっかちで、「空中の直方体」が、大きくかぶさるような印象を与える

築の構想は、それまでの蓄積から逃れ難い側面も大きい。確かに一九三〇年代になり、「白い箱型」という直接に目に映る特徴は消える。しかしその背後の、いわば白い箱型作品を支えた個性的なものまでが変化したかどうかは即座には断言し難い。具体的発想を支える想像力の深い層までは容易には確かめ難い。結果である作品から読む他はない種類の問題なのである。ロンシャン教会堂の基本には「型が見出せた。目に映る表現を支える漠たる存在感、その喚起する独自な緊張のあり方は、長く持続していたとも思えてくる。一九二〇年代の流行ともいえる主役の白い箱型は不要となっても、その主役を載せて成長と成熟を促した彼の個性の部分はより根が深く、容易には別のものと替ええなかった。むしろそれが残り続けることで、他の部分を替えることもできた。そう考えると、コルビュジエの多彩な作品系譜を導いた持続と変貌のあり方を、具体的に読む手掛かりが見えてくる。

サヴォワ邸は、序章で見た「極に至る主役の流れ」に加え、以上のような「より長く持続する個性の流れ」の上にも跨がっている。一個の名作に重なる複数の流れを検討すれば、創作の実り多い層が見えてもくる。□型、凸型、「型、中型という原型は、主役の変貌を超えた、彼の独自性の部分の具体的あり方を教えてくれる。一見して変化したようでも、これら好みの輪郭に込められた基本的な感覚は持続していた。好みの輪郭の原型は、それを支える奥深く持続する感覚を確認させてくれただろう。それがそのときどきの主役を、強靱に実感的に扱うことを可能にしていた。想像力の深く実り多い層との対話をさせ、より豊かに形態を思い描かせ、生き生きと展開させえたはずだ。個性的な創作世界のひとつの具体的あり方がうかがわれてくる。

❸ 組み合わされる原型——増幅される個性——

ロンシャン教会堂（一九五五）は、各立面の表情が大きく異なり、軒の深さ、壁厚、天井高等も、場所ごとに刻々と変化する。無数の異なる断面図が描けるような建物なのである。しかし設計段階で、それら全ての断面形が意識されていたはずはない。僅かずつ異なる、膨大な枚数の断面図があったとしても、全てが同じように重要だったはずはない。構想の骨格を宿した幾枚かだけが信頼され、創作過程を方向づけ、最終形態まで導いたはずだ。他の断面は、それらに従属するか、あるいは偶然にあらわれた形状とみなせばよかったろう。ロンシャン教会堂の多くの断面の中には、前項の南米講演で描いたサヴォワ邸のスケッチ（62頁）と、基本が似たものがある。採光塔と屋根とが交差した**申型**をなしている。いかにも、何にも囚われないような自由な造形の世界に、二四年前と同じ断面の骨格が隠れている。彼の想像力の深く実り多い層での手掛かりが、大きくは変化せずに生き生きと持続していたなら、その緊張を喚起する断面形は、信頼するに足る、最も重要な一枚たりえたろう。

竣工前に、全集第五巻に発表された立面図がある。左側に立つ塔を起点に、屋根が空中で乗り出す。背面の塔と前面の屋根という、全体を支配する「垂直と水平の対比」が、典型的に読み取れる。全体の骨格を集約したようなこの図柄は**卜型**を直接に連想させる。三三年前のシトロアンII（一九二二）と共通の構成感覚が見えるのである。

白い箱型を捨てて後の変貌の果て、作品譜上の特異点とも見えるロンシャン教会堂には、様々に**卜型**、**Γ型**、**申型**の影が重なっていることがわかる。いかにも自在な曲線的形態のあちこちに、持続す

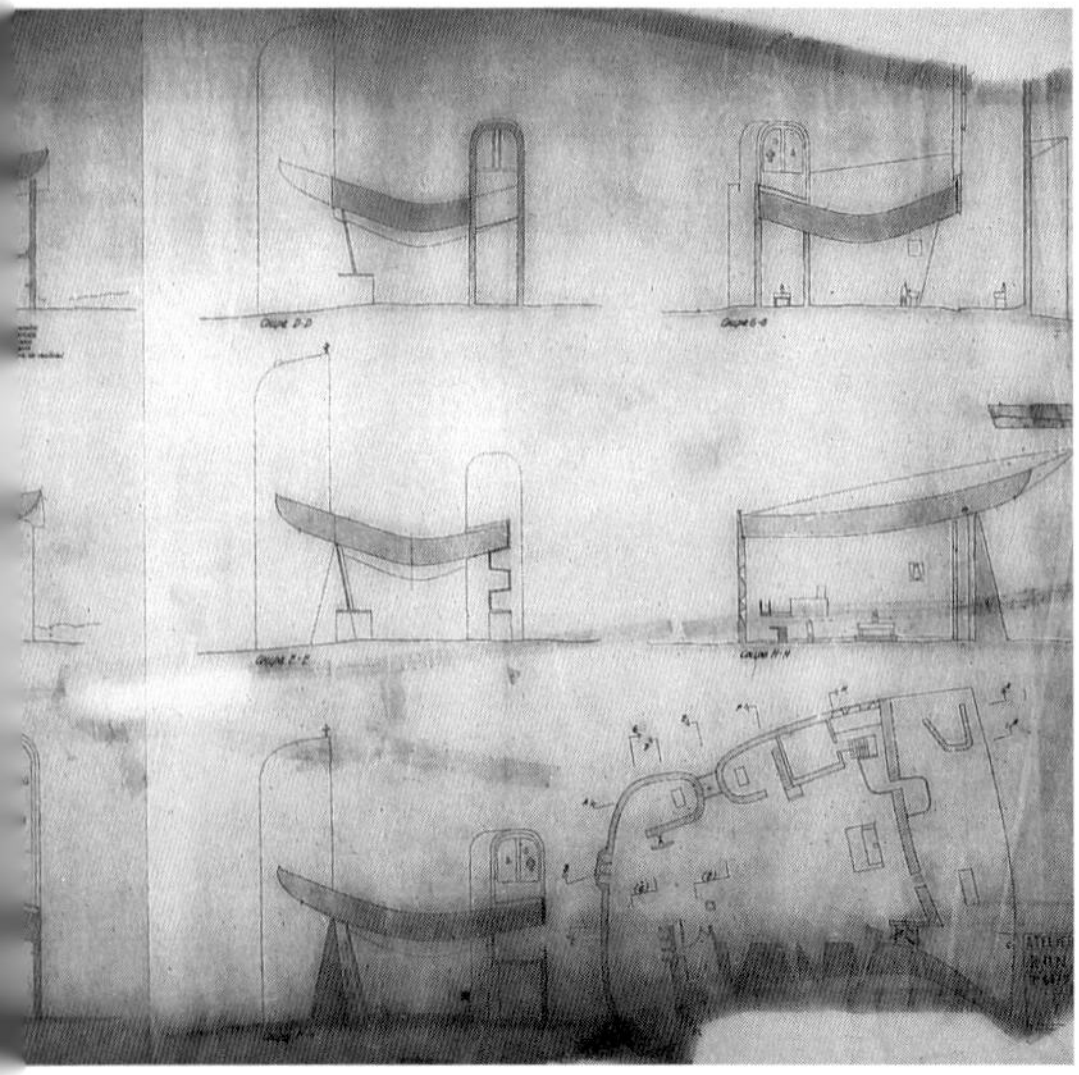

様々な断面　刻々と変化する複雑な曲面的造形は、ほとんど無数ともいえる異なる断面形を生み出す

シトロアンII（上）の突出の先端でさらに乗り出すバルコニーの傾斜した手摺壁は、ロンシャンで計画された外部の囲いを思わせる。空中で突出するものの先に、それを低く受け止める要素が欲しい、とでもいうべき感覚の類似がある

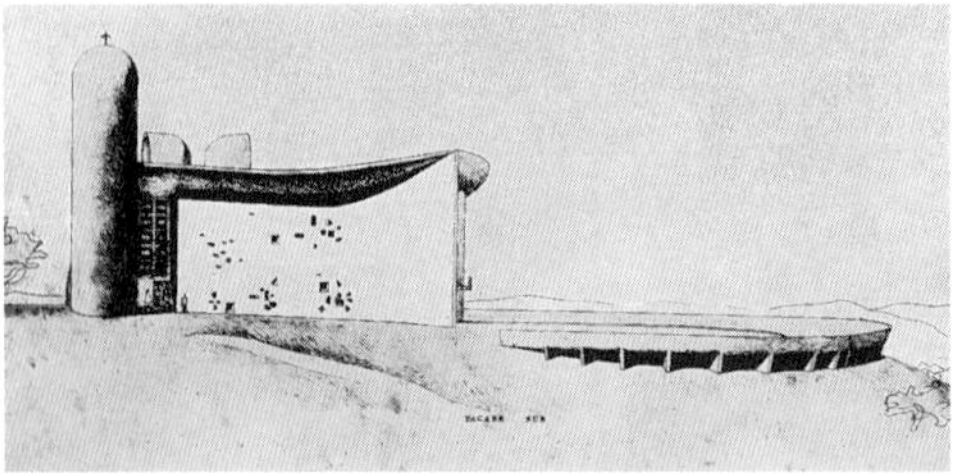

計画案段階で発表された**ロンシャンの立面図**（左）には、「卜型」と共通する感覚があらわれている

典型的な断面　サヴォワ邸とロンシャン教会堂とは一見して全く違うが、断面にあらわれた構成感覚の基本には類似もある。2種類の要素が、垂直と水平の異なる存在感を対比させつつ重なる「毌型」として共通している

ロンシャン教会堂（1955）**の骨格**　一見して捉えどころのない形態だが、ある骨格的な特徴が、実り多い原型的な性格の持続を保証することが、創作過程を拡散させずに主導したのだろう

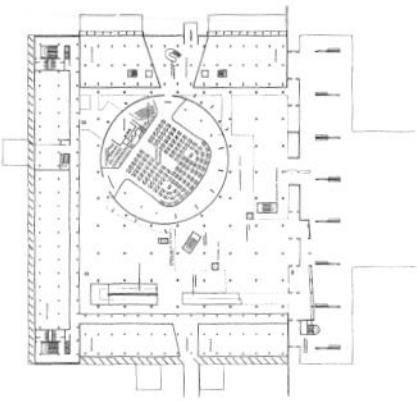

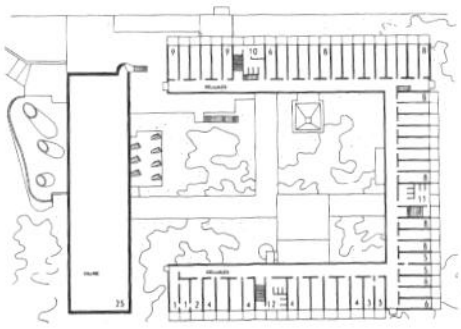

ラ・トゥーレット修道院（1959）（左）とチャンディガール議事堂（1964）（上）の平面図　ともに矩形の外周輪郭だが、「▯型」と「⊐型」とが組み合わされた骨格を浮き上がらせている点では似る

ラ・トゥーレット修道院（左）とチャンディガール議事堂（上）の外観　ともに「⊡型」の平面に対し「ᒥ型」の立面形を重ね合わせた効果を示す。前者では「ᒥ型」の突出側が「⊐型」に、後者では突出側の先端が「▯型」になる。同じ原型を逆に組み合わせて、異なる複雑さと魅力を生んでいる

「同じ原型」が生む「異なる骨格」　同時期の2作品は、「⊡型」という同じ平面形を基本に、やはり同じ「ᒥ型」という立面の原型を、しかし逆向きに重ねることで、骨格としての異なる個性的複雑さに至っている

る「好みの輪郭」が喚起される。かつて「垂直の白い箱」と「水平の白い箱」を通して個性を表現していたのとほぼ同じ構成感覚が、複数重なり、同時に表現は最大の自由にまで至っている。ここでも一見全く異なる一九五〇年代の創作を、一九二〇年代の延長上のものが支えている。突然変異的なひらめきの極と見える造形の背後に、深く持続するものが宿っている。

ラ・トゥーレット修道院（一九五九）は、「▯型」の聖堂と「コ型」の個室部分が併置された、「▯コ型」の平面形である。訪れると、まずは聖堂の巨大な無窓壁が迎える。反対側に回り込むと、空中の個室群を見上げることとなる。前者は垂直に立ち、後者は空中で水平に乗り出す。この両者が、立面上では**┏型**をなす。全体形は、「▯型＋コ型」にもとづく立体的な**┏型**なのである。作者は、まず「空中の個室群」を発想し、それが設計過程を導いたと語る。その「空中の主役」たる個室群は、「コ型」をなしつつ、全体の**┏型**立体の中に位置づけられている。「空中の直方体」という基本を損なわぬ範囲内で、**┏型**の立ち方を示していたサヴォワ邸が思い出されもする。

チャンディガール議事堂（一九六四）の平面にも、「▯型」と「コ型」を組み合わせた「▯コ型」が見えている。断面や立面は**┏型**を示唆していた。ここでは「▯型」部分の方が、空中での乗り出し側の、さらに先端のめくれ上がる部分に相当する。ラ・トゥーレットとは組み合わせ方が逆転しているものの、平面の「▯コ型」に、立面、断面の**┏型**を重ね合わせたという基本では同じである。ほぼ同時期につくられたこの二作は、一見して、矩形平面という以外は共通性が見出し難い。各々が高い独自性を誇る表現世界を示すものの、基本で支配する、いわば複合的な骨格のつくられ方が似ている。少数の原型を信頼し、それを意外な組み合わせへと展開していく。それが彼なりの、狭い前提から豊かな発想の広がりを導く方法だといえる。

　最初の重要な原型であるシトロアンII（一九二二）、透明な建築像を集約するサヴォワ邸（一九三一）、自由な発想に遊んだようなロンシャン教会堂（一九五五）、一〇歳代からもち続けた「集合の理想」を集約したとされるラ・トゥーレット修道院（一九五九）、過酷な気候に抗して重い彫塑的造形がさらに誇張されたチャンディガール議事堂（一九六四）。以上は、多彩に広がるコルビュジエの創作世界の、各々の傾向を代表する名作たちである。全く異なる建築家の産物とも思えるほどに、その魅力は異なり、彼の想像力の豊かな広がりを実感させる。しかし、全て何らかの意味で持続的な原型を含んでもいるのである。┣型や┏型の感覚を、具体的輪郭以前の存在感の骨格とでもいうものとして、視覚的効果の基本として内在させている。確かに建築形態は、まず円や矩形という図形的特徴で理解されやすい。しかし輪郭の特徴以前の概略的な存在感の効果として、「どんなふうに空間をつくろうとしているか」ということが、建築形態として最も基本的な問題だともいえる。┣型や┏型とは、そうした建築に独自な効果を最小限に込めた輪郭だともいえる。自らの想像力の、そうした建築の本質とかかわる層で持続するものとの対話から具体的形態を構想することで、目に映る輪郭には囚われ難い個性的な表現の、より大きな広がりが可能ともなるだろう。一体の箱でも、複数の箱でも、曲面状の屋根や塔でも、同じように生き生きと扱い、独自な世界にまで高めうる実り多い手掛かりが、そうした構成感覚に集約されているのだと思える。

(3) 原型の「連結」と「重なり」——白い箱型の成熟——

❶ 連結される原型——ラ・ロッシュ・ジャンヌレ邸——

一九二〇年代前半には原型的提案が多い。工匠の住宅（一九二四）の外観は、単純な箱型という以上の特徴に乏しいが、シトロアンII（一九二二）は┗型、芸術家の住宅（一九二二）は┏型、トンキン住宅（一九二四）は□型等、後に重要な意味をもつ個性的な型が出揃っている。最小規模の計画のため、ごく単純な特徴だけに集約しえたともいえる。一方、時間をかけて一巡りした後に全体像が理解されるような大邸宅では、形態の問題も異なってくるだろう。┗型がいかに重要な原型でも、そのまま巨大にすれば済むという単純な話でもないはずだ。最初の大規模住宅であるラ・ロッシュ・ジャンヌレ邸（一九二四）の複雑な姿がそれを語っている。それまでの単純で原型的な小住宅とは別種の、新たな「白い箱型様式の問題」がそこで追求されているのがわかる。

晩年のインタビューで彼は、この住宅に「自分の作品の鍵」を見ていたという（S・モース）。一九二〇年代前半までが、初期的な発想を集約した「小規模で単純な原型」による可能性の確認という段階だったとすれば、ここでは「大規模と表情の豊富さ」とでもいうべきより高度な問題に踏み込んだのだろう。本来は無性格な幾何学形態を用い、いかに建築としての豊かな印象を生み出すか。小規模作品なら、全体の輪郭だけで個性を主張できる。大規模になるほど、ふさわしい複雑さや多彩な特徴が要求されよう。そうした模索がこの住宅から本格的になった。ドミノに発する、「最小限に集約された原型的試み」とはまた別の流れが一九二〇年代なかばから始まったといえる。
ラ・ロッシュ・ジャンヌレ邸では、各部に原型的な形態が見出せた。正面全体は┏型、最も手前に┏型と┣型が重なり、三重に個性的な輪郭が最初に目に映った（52頁）。さらに奥の側面にも┣型があった（49頁）。こうした輪郭の他にも、各部に特徴的な表情が見出せる。訪れるとまず、出窓状の張り出しが目につく。開口が隅部を回り、内部から押されて壁が乗り出すようである。続く、極端に長い水平連続窓に促され、目は奥へと一直線に導かれる。最も奥には画廊部分が張り出す。巨大な空白壁面が、空中で手前へと膨らむ姿である。奥深い敷地のため、入口までが長い。以上のような個性的な表情を眺めつつ到達することになる。これら順番に目に映るものたちは、単に多彩に魅力的に語りかける細部というだけではない。各々は、当時生み出されつつあった新たな様式と、そこに重なる彼の個性的世界という、二種類の表現の可能性の典型だといえる。

　最初に出会う出窓状の張り出しは、薄い皮膜的な壁が「内容量を包み取る」という新様式の基本を語っている。次の長大な水平連続窓は、新たに可能になった構造から自由な開口の表情を誇張し、「立面のスピード感」というかつてない視覚的スリルを教えている。奥の画廊部分は、「ピロッティ上の箱型」であり、五原則と「主役の流れ」を象徴している。この「空中で膨らむ壁面」は、入口の上にある、ほぼ同大の「巨大ガラス面」と隣り合っている。空中で完結する「空白の面」と「透明な面」が併置されている。「実と虚」という、新たに可能になった表現の振幅を、兄弟のように対比し合う姿だともいえる。また、上には五原則のひとつ、屋上庭園も見える。さらに最も手前の┏型と┣

手前の部分は、箱型の突出により「┌型」をなす。その外側に矩形の壁面が立つため、立面は「⊏型」で、2種類の好みの輪郭が重なることとなる。それは同時に「両側を挟まれた間での突出」という「□型」の効果をも示唆。アプローチ側の全体も、奥に突出があるため「┌型」輪郭をなす

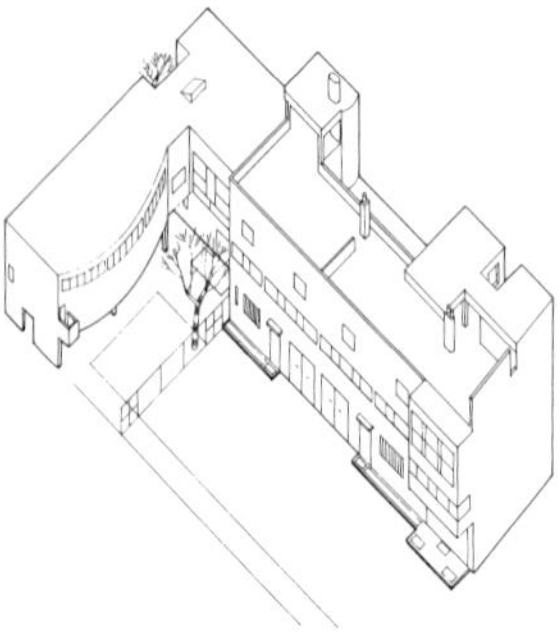

アクソメ図では、「原型の連結」ともいえる効果がよりよくわかる

訪れて最初に出会うのは、最も手前で乗り出す箱型である（右）。隅部を回り込む連続窓が、「内容量を包み込む」表情を強調する。近代様式の、最も重要な表現効果が、まず目に映るのである

ラ・ロッシュ・ジャンヌレ邸（1924） 最初の大規模住宅で、それまでに確認された複数の原型が連結された独自な複雑さが、白い箱型様式の成熟のあり方を語る

画廊部分は、主役の流れに載る「ピロッティ上の箱」を表現。同時に、空白の壁が空中で前方へと膨らむ、「ト型」と似た突出効果も喚起。さらに側面が板状のため、「挟まれつつ膨らむ」という「己型」の効果も暗示される

内部でも、幾何学的な軽やかな形態という範囲内での、多彩な表情が次々とあらわれ、全体としての豊かさを印象づける

入口上の大ガラスは、画廊部分の壁の膨らみと隣接し、「巳型」と「ト型」という、主役の流れに属する両極的な効果が対比し合う

2世帯の境界を越えて続く長大な水平連続窓は、近代様式が可能にした、「構造を負担しない立面のスピード感」とでもいうべき、新たな視覚的スリルを生み出す

型との重なりや、奥の画廊部分とは、ともに「挟み込まれた間での凹凸効果」をも暗示している。「タンス型」と呼ばれ、⊏型とも表記できる、やはり長く持続する原型のひとつである（87頁）。

平面はほぼL型で、訪れるとまず手前へと乗り出す棟を感じつつ、視線は奥でピロッティを抜けていく。全体は、前方へ、背後へ、という対比が秩序づける中に、多彩な表情が登場するという作品である。密集した地区に建つため、見られる方向も、アプローチ経路も狭くて限定されている。入口までに、どんな順序で、何を見せるかが演出しやすい条件だといえる。見せ場を単純につないでいくだけでも、ある意図的な豊かさの印象がつくれるのである。

一方ラ・ロッシュ邸内部は、「建築的な散策を求めるものだ。みちに沿って進むと、いろいろな変化を示す見通しがあらわれる」と説明されている（全集第一巻）。巻頭で見た入口ホールの吹き抜けに始まり、急な斜路、採光条件により塗り分けられた壁など、特徴的な細部が順に眺められる。それが「建築的な散策」という体験だろう。一巡すると多彩な表情の記憶が積み重なっていくのである。

この最初の大住宅では、内外とも、様々な特徴的細部が素朴に連結されて出揃っている。彼にとっての多くの「形態的こだわり」が併置されている。一九二〇年代前半に、小規模な計画案や実現作で確認された原型たちを、順に見ていくという体験が演出されている。それがここでの、大規模であるがゆえの方法の基本だといえる。新たな形態世界の到来と、それへの彼の対応が、個々の部分の具体的な特徴となって表現されている。そんな細部が次々と連鎖することで、大規模作品にふさわしい形態的豊饒さの、ひとつの可能性が実現している。

❷ 断面として重なる原型――「⟍型」「┣型」「┏型」――

シトロアン（一九二〇、16頁）は、単純な箱型の側面に階段が貼り付いた姿をもつ。無愛想な直方体から逃れるために⟍型が選ばれたのである。この点で六年後のペサック住宅地のヴリナ型（一九二六、53頁）も同じである。繰り返されていることで、⟍型は、思い付きで付加したのではない、重要性を背負っていることがわかる。一方、改訂型とされるシトロアンII（一九二二、49頁）や、発展型とされるワイゼンホフ独立住宅（一九二七、24頁）の外観には⟍型はない。よく見ると、両作品ともに、壁一枚を隔てた内側に⟍型がある。外の付加物ではなく、内に、シトロアンに似た⟍型をもっている。「断面形として重ねる」、あるいは「透けて見えるような感覚」で付加しているともいえる。壁の内側か外側かを問わず、箱型の、「長手方向の壁面に沿って人を昇降させる」という動線処理のイメージとして共通しているだろう。直方体に⟍型が沿う姿であり、矩形と⟍型が重なる効果ともいえる。この時期の彼の独自な発想を知ろうとするなら、目に映る外観の表現の背後に、こうした想像力の中にある原型を透かして見る必要があるのだろう。直方体の脇に階段が通っている姿が、□⟍型と同様、箱型を建築として構想するための原型のひとつだった。外側に示されるか否かは場合による。ここでも具体的表現以前の原型がもつ、ある自在さが示唆されている。

全集第一巻には多くの断面図が掲載されている。芸術家の住宅（一九二二）、最小限住宅（一九二六）、ワイゼンホフ連続住宅（一九二七）のような、┏型の箱型作品は、当然ながら断面も┏型である。一方、いかにも素朴な箱型のトロワ（一九一九、53頁）やレマン湖畔の住宅（一九二五、52頁）の断面が、やや意外なことに┏型を示していた。想像力の中で、直方体と┏型とが重なっていたことがわかる。同様な例は少なくない。「五原則の実現」だと説明され、「空中の白い箱」に近いクック邸（一九二六）も、断面図には┣型が読み取れる。街路側の外観は「ピロッティ上の箱」という建築像を語り、断面は┣型の空間的骨格をもつ。彼にとって重要な二つの原型、「主役の流れ」と「好みの輪郭」とが、想像力の中で交差して、最終的な姿を決定する直接の手掛かりとされたのだろう。ベルギーに建ったギエット邸（一九二六）は、妻側立面が僅かに┣型だが、全体はほぼ単純箱型をなす。しかし断面には、対角線状に貫く階段の⧅型が見えている。前掲のシトロアンの発展型と似た重なり方だとわかる。プラネクス邸（一九二七）の断面は、全体を、矩形が横に貫く形状である。「空中の直方体」を切断した図柄に近い。そこに階段が付き、◻型に近い断面形なのである。ここでの正面の突出部が、単なる付加物ではなく、全体を貫く「空中の箱型」の一部としてイメージされていたことがわかる。

以上の四作は、ほぼ同時期の小住宅で、みな外観は単純な白い箱型である。しかし断面としては、各々が異なる原型的性格を主張している。彼にとって重要な意味をもつ輪郭が、透けて見えてくるともいえる。彼が生み出した白い箱型住宅の多彩さは、決して個々の思い付きの集積ではない。直方体を基本に、┏型、┣型、⧅型、◻型を重ね合わせることで、各々の個性的表現を生み出す直接の骨格としたようである。白い箱型としての表情の豊かさ、複雑さは、独自な図形的原型の重なり合いとして、高度な個性的世界を反映している。それは、彼の線画（29頁）のような、「透明な原型が重なる」という創作的緊張を示唆している。彼の形態的想像力の、単に白い箱型だということを超えた独自な

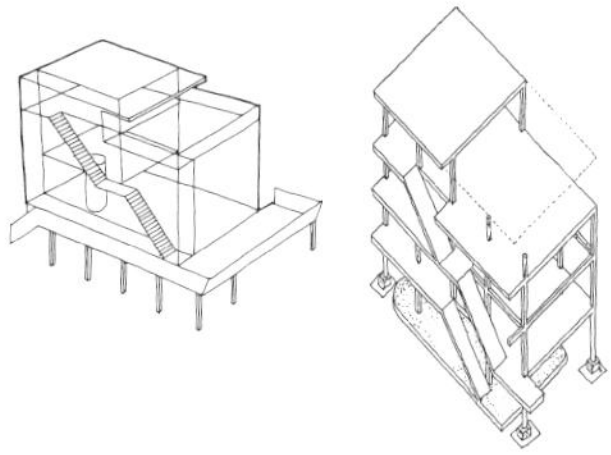

シトロアンII（1922）（左）**とワイゼンホフ独立住宅**（1927）　ともにシトロアン（1920）の発展型とされるが、外壁に沿ってひとつながりに上昇していた階段は、これらの外部にはない。ほぼ同じ階段が、壁の内側に位置し、内外によらず側面階段をもてばよいというセットだったとわかる

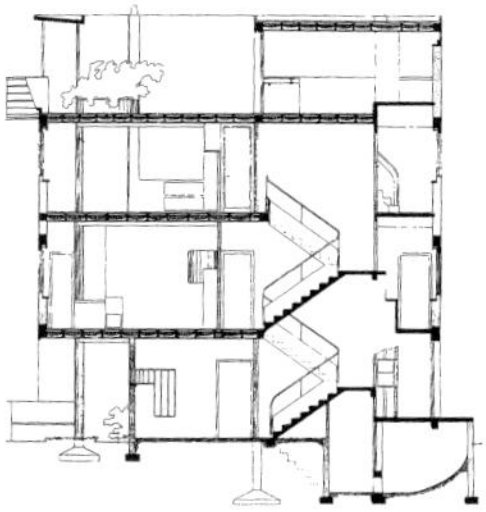

クック邸（1926）　五原則が出揃ったとされる点で重要だが、複雑な特徴をもつ。断面に見える「⊏型」は五原則では説明できない

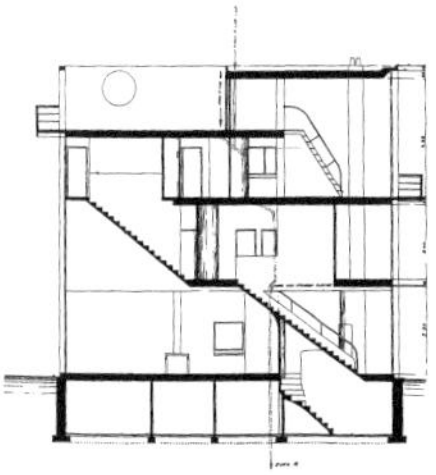

ギエット邸（1926）　単純な箱型だが、小突出により、妻側は「⊏型」立面をなす。断面では、対角線状に階段が貫き、シトロアンとも共通する

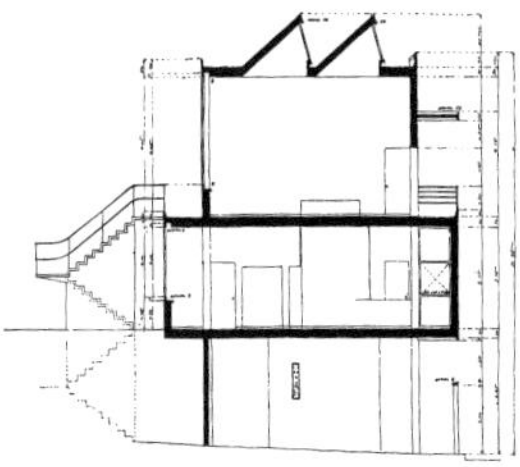

プラネクス邸（1927）　全体は「地上に置かれた箱型」だが、断面には「空中で完結する箱型」が見出せる。その一部が街路側に突出し、「回型」立面をつくる。さらに階段が付加されている点では、「口、型」をも示唆する

断面に隠れている原型　単純な箱型の断面形に、様々な持続的特徴が託されている

部分の「核」が実感されてくる。

　コルビュジエにとって「白い箱型」であることは、表現の目標ではない。個性的な世界を表現するために採用された前提のようなものだろう。むしろ白い箱型だということが全体の統一を保証している。絵画のキャンバスに近いともいえる。白い箱型は、そのつどの可能な大きさや形状に合うよう、彼なりの原型を変形し、複数重ねていく場なのである。┏型や┣型が透けて見えるような作品世界は、こうした構想のあり方を暗示している。

　断面図とは、ある立体の切断面の形状として理解される。まず全体の、立体としての個性があり、それに従属するように、切り口の特徴も派生する。通常はこうした「全体と部分」として関係づけられている。しかしコルビュジエの断面は、しばしば全体とはまた別の個性をも主張し、ときには異なる建築像を喚起する。自立した独自な形態的存在として重なり合っているともいえる。それは、彼の創作にかかわる想像力のあり方、とくにその複雑さの具体的特徴を教えてもいる。設計とは通常、必要空間を平面や断面を手掛かりに構成していくものである。しかし自分なりの「信じうる原型」の組み合わせとして全体を構成するという方法もありうる。それは様々な「原型の重なり」が特徴づけるイメージの世界だといえる。建築を「部屋の集合」と見て、機能的に組み上げることとは別の地点がそこに見えてくる。建築を「自立した形態的存在」とする創作の姿勢だともいえる。通常の設計に、そうした構成感覚が交差して、彼の独自な創作が推進されているらしい。

❸ 立面に重なる原型——多様な形態的喚起力——

レマン湖畔の住宅（一九二五）は単純な箱型に見える。最小の実現作のひとつだが、決して幾何学的純粋さが目指されてはいない。西端には大壁面が塞ぐように立ち、東端には水平の突出がある。機能的な説明もあろうが、形態的な意図としても理解できる。東端の突出は、全体を庭側へと突出する㇄型としている。西端の大壁もこの効果と重なる。白い箱型は、この隣地側の大壁を起点に、庭の広がりへと乗り出す表情なのである。断面は一端が浅く掘り込まれた⌜型であった。大壁は㇄型の暗示だとみなせる。こうして一見した白い箱型に、⌜型と、二重の㇄型が重なっていることがわかる。大壁や突出部分も、決して気紛れではない。持続する原型から説明できる。主役は、何より低く長すぎるような箱型である。そのまま大地の上に置かれたような表情では不足だった。一端を起点として、掘り込み、伸び上がって強調しつつ、全体を大きく水平に突出するような効果の中に置くことで、細長さに大地に根差す形の生命が込められる。

プラネクス邸（一九二七）は「主役の流れ」に載る作品で、その立面中央の「突出」は、「空中の直方体」の先取りとみなせた（24頁）。この突出は、正面を回型に見せ、側面を㇄型の輪郭にしてもいる。同時期のアドルフ・ロースには回型立面の二作品がある。一棟は回型の中央が突出し、他方は後退していた。回型も意義ある原型だったらしい。こうして、プラネクス邸がもつ「サヴォワ邸を予言する」特徴は、回型と㇄型という、二つの重要な輪郭の重なりの中に位置づけられていることになる。ここでも「主役の流れ」は、「輪郭の原型」と交差している。

プラネクス邸の正面には複数の原型が重なっている。基本は「水平窓が最大幅に開く白い矩形」である。一階は貸しアトリエで、ほぼガラス面なので、立面全体は「ピロッティ上の箱型」という姿に近い。初期には、クック邸のような、一階が吹き放たれた案もあった。そのいわば「主役の流れ」をそのまま反映したような姿が、この実施された立面形に残されていると理解できる。一方中央の突出部の上には凹部がある。突出と後退が対比され、後に重要になる「両側を挟まれた間での凹凸ドラマ」という⊏型の萌芽が見出せもする（29頁）。また前項で見たように、ここでの突出部分は、□型断面をなす寝室の一部が外部に露出したものでもあった。

同時代の多くの白い箱型作品の中で、彼のものだけは、個性的な複雑さで際立つ。思い付き的な工夫や、単に細部が魅力的だということではない。持続的に追究されてきた複数の原型が重なることによる独自な視覚的豊かさだといえる。プラネクス邸の街路側では、新たな形態世界の、複数の原型的可能性が喚起されている。そこに、彼が構想する、新様式の固有な成熟のあり方がうかがえる。

ラ・ロッシュ・ジャンヌレ邸では多彩な表情が連結され、順に巡ると「豊かなものを見た」という印象が残る。それが大規模作品としての単調さから逃れる方法であった。一方小規模なプラネクス邸のたったひとつの立面にも、個性的な複雑さは実現されている。そしてここに登場するのは、ラ・ロッシュ・ジャンヌレ邸で併置されているのとほぼ同じ原型たちでもある。数年を隔てた二作は、多様な表情を生む方法が、類似しつつ、異なってもいる。同じ持続的原型にこだわりながら、それを「連結」したのが前者、二次元的に「重ねた」のが後者である。「組み合わせ方」を変えることで、異なる「個性的な複雑さ」へ、異なる成熟へと方向づけている。

ポートモリトールの共同住宅（一九三三）は、白い箱型を捨てた後の変化の兆候がわかる最初のひとつで、すでに、軽やかに包み込む白い壁はない。ガラスブロックが目立つ重い姿である。隣地と共有する分厚い組積壁を露出した内部も、むしろ洞窟的なものにも近づき、空間像も変わり始めているのが感じられる。しかし立面中央には矩形の突出がある。街路側部分は、正面が回型で断面が卜型である。両側を挟まれた立面一枚の外観で何を語るかという類似の条件のもと、プラネクス邸とほぼ同じ構図が支配している。

彼の作風はこの頃に大きく変わっている。それまでとは異なる作品が様々につくられ始める。しかし一九二〇年代の蓄積を捨て去って、全く新しい形態世界に入り込んだのではないこともわかる。別の方向を目指しつつも、白い箱型とともに試みられた形態の骨格は生き残っている。むしろそれを信頼しつつ、換骨奪胎するように、新たに目指す表現世界の可能性を検討しているようだ。前掲の共同住宅でも、使い慣れた構図をなぞりつつ、重い表情に替えている。この後特に多彩に変貌するコルビュジエの、持続と変化の具体的あり方がわかる。いかにも自在に広がるような造形世界も、決して無制限の幅をもつわけではない。逆に、むしろ狭く、少数の原型的なこだわりにもとづき、その範囲内での最大幅の変化が試されているようだ。彼の鉛筆の先から自然に出てくる「好きな輪郭」は重要な意味をもち続け、それを様々に組み合わせ、また組み合わせ方を変えていく。それが意図的な変化をも支えていた。彼の形態想像力の、実り豊かなあり方の一面がわかってくる。

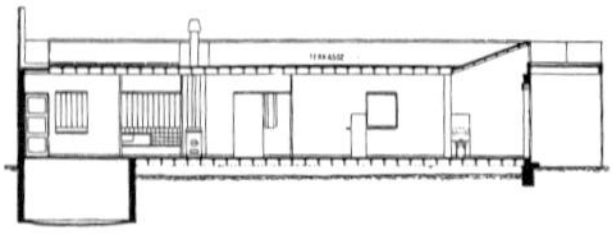

レマン湖畔の住宅（1925） 最小規模で単純だが、「純粋立体」が目指されてはいない。多彩で複雑な特徴をもつ。東側の小突出は、立面の輪郭を「ᑭ型」とし、さらに西側境界に立つ大壁面が、全体に「ᑭ型」的な効果を与えてもいる。断面の「冂型」（左下）も含め、小さな白い箱型に、複数の原型的効果が重なり、それが各部の個性的な表情もつくる

プラネクス邸（1927） 街路側の一立面に、ラ・ロッシュ・ジャンヌレ邸にあったものとも共通する原型たちが重なり合う。基本は、新様式を基礎づける「水平連続窓をもつ白い箱型」だが、1階がほぼガラス面のため、「ピロッティ上の直方体」という初期案の名残が見える。正面は故郷のシュオブ邸からの発展ともいえる「回型」の構図だが、「突出」と「窪み」とをもち、「ᑭ型」と「ᑕ型」という両方が重なっている。それは同時に、「挟み込まれた間での凹凸のドラマ」という、後に重要性を増す「凹型」の萌芽とも解釈できる。単に複雑なだけではなく独自に個性的である

プラネクス邸初期案（上） 当初は、クック邸に似た「両側を挟まれた間でのピロッティ型」だったとわかる。断面の「ㄈ型」は、この初期案の記憶が残されたものだとも理解できる

アドルフ・ロース：パリの「トリスタン・ツァラの家」（1926）（右上）**とウィーンの「モラー邸」**（1928）（右下） 同時期にロースは、やはり「回型」を基本に、「突出」や「窪み」を試みている。同じ構図によっても、ロースの作品には、コルビュジエのような「複数の原型の重なり」が読めるような「透明な複雑さ」はない

重なり合う原型　一見して単純な箱型だが多彩な特徴を併せもつ。それは単に豊かな表情をつくるだけではなく、「持続的な原型の重なり」を示唆してもいる

ポートモリトールの共同住宅（1933） 外観を支配している、透明だが重い表情は、晩年に向かう変化がすでに始まっていることを語る。しかし立面形は、1920年代に繰り返された「回型」と「ト型」とが重なった効果が基本。プラネクス邸と同じ構図を保ちつつ、新たな変化の方向性を重ねている

結び　直方体に重なる原型――結論としてのシュタイン邸――

シュタイン邸（一九二七）の設計過程で、最後まで選択に迷ったとされる案（52頁）はラ・ロッシュ・ジャンヌレ邸（一九二四）に近い。奥深い敷地にL型平面で対応し、左側にピロッティをもつ正面の┗型や、特に多彩な特徴が連結されている点が似ている。実施案ではそうした個性的な複雑さが消え、ほぼ単一直方体となる。全く対照的な、大邸宅なのにいかにも単純な姿へと変化したのである。

訪れるとまず北側の「地面に置かれた白い箱」に出会う。隅部を回る連続窓が二段に並ぶ効果が支配的な特徴となる。多くの原型が集約されたプラネクス邸と比べ、ずっと大規模なのに、あまりに単純である。しかし反対の庭側に回り込むと賑やかになる。この南側の外観全体では、東西の二枚の妻壁が上へと高く延長されているのが目立つ。その間に、序章で「主役の流れ」の一部として挙げた「大凹部」（28頁、37頁）と、「隅部を回りつつ突出する連続窓」とが並ぶ。┗型と表記できる、「両側から挟み込まれた間での凹凸のドラマ」というべき効果が感じ取れるのである。西側には、壁と天井という「二枚の板が交差」した姿がある。東側立面は、二、三階だけが南に乗り出した┗型輪郭をなしている。こうしてシュタイン邸は、四方向が全て異なる姿だとわかる。単に「変化を与えた」というより、各々が、意図的な主張を込めているようでさえある。この時期のコルビュジエは純粋立体を好んでいた。しかしここで北側に見られるような、単純な直方体を示すことが最終目標だったのではない。あくまでひとつのテーマとして、全体の統一を感じさせる基調が純粋立体だったようだ。自らの個性的世界を描き出すキャンバスのようなものとして信頼していたのだと思えてくる。

最も単純な北側は、荷重を負担しない軽やかな面が「内容量を包み取る」姿だといえる。五原則にもとづく革新の典型、後にインターナショナル・スタイルとして整理される時代様式の特徴が明快に集約されている。窓と壁が、水平に隅部を回り込む効果を強調することで、「軽やかに包む」効果が、外観全体として、これまでになく雄弁に語られている。

西側は「垂直面と水平面の交差」という開かれた面の関係を示す。「閉ざし込む箱型」から逃れようとする姿だともいえる。F・L・ライトが主張した「箱の破壊」を、より幾何学的に試みたデ・スティルに近い。この様式の展覧会が一九二三年にパリで開かれ、彼も影響されたという指摘もある。以上の二つは、各々が、当時の最先端の時代様式の、斬新さの基本を集約していると理解できる。

南側はS・モースが「タンス」と評した冂型、「両側を挟まれた間での突出と後退のドラマ」だといえる。以前から萌芽はあったが、ここで明瞭になり、最晩年まで様々に展開されていく原型である。

東側の凸型は、シトロアンIIで確認され、やはり多様に変奏されていく「好みの輪郭」だった。

以上二つは、彼が時代様式を扱いつつ獲得した個性的原型で、この後により重要性を増していく。シュタイン邸の四方向の外観は、単に異なっているだけではない。各々が別々の、しかも時代様式的に、また個人様式的に重要な建築像を示唆している。一見単純な直方体の四面に、時代の最先端の想像力を集約した二つの原型と、彼の個性的なものを集約した二つの原型が重なっている。白い箱型にもとづく四種類の可能性が共存する、独自な形態的整理だといえる。

北側　ラ・ロッシュ・ジャンヌレ邸の最も手前にあった、白壁が開口とともに内容量を囲み取る効果が、北側全体を支配している。まずは五原則が可能にした近代様式の革新の基本そのままがあらわれる

西側　壁は、他の部分のように箱型に包み込む状態にはない。独立した水平板と垂直板が交差した姿に近い。当時の一方の最先端であったオランダのデ・スティル様式の基本が喚起される

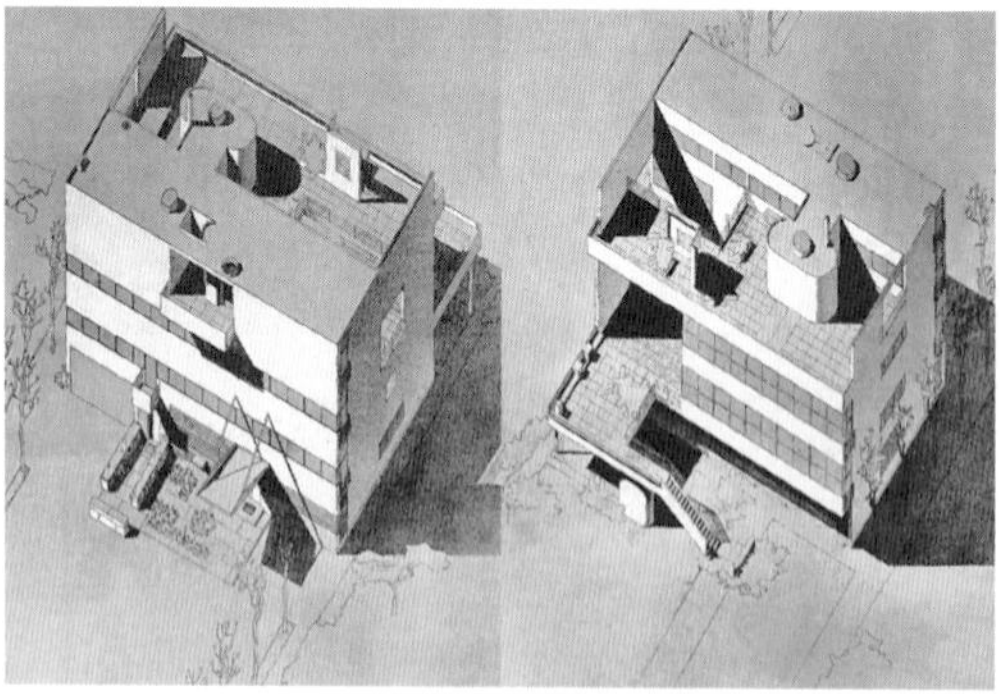

鳥瞰図　一見して単純な箱型だが，四面の各々には，異なる原型的効果が重なっていることがわかる

シュタイン邸（1927）に重なるもの　初期案での複雑さが、実施案では「単純な箱型」へと一変した。しかし、同じ登場人物たちを、違う形のキャンバスに描いたとでもいうべき、複合方法の違いだとも理解できる

東側　北側のように単純な箱型の輪郭ではない。2、3階の窓が庭側へと空中で乗り出しているため、この立面全体は、僅かだが明瞭に「卜型」の輪郭を示す

南側　向かって右には、空中へと乗り出す2層分の窓が、左には、大テラスの窪みがある。「凹凸の対比」であり、また「突出と後退の併置」だといえる。さらに東西の壁の各々が上へと伸びているため、南側全体は、「両側を挟み込まれた間での前後方向のドラマ」という「匚型」の効果をも語る

シュタイン邸に集合する原型たちは、ほぼ同じものが、プラネクス邸にもあった。水平連続窓はもとより、妻側立面は凸型で、凹凸も上下に対比されていた。ラ・ロッシュ・ジャンヌレ邸では連結されて登場していた原型たちが、シュタイン邸では直方体の各面に重なっているともいえる。一九二〇年代なかばまでに小規模作品で確認されたものが、様々に複合される段階だったようだ。少数の信頼できる登場人物だけをもとに、異なる筋書きのドラマをつくる。白い箱型という範囲内での個性的な複雑さが、系統的に試されている。彼の発想の独自な部分がわかる。序章で見た「主役の流れ」と並行して、こうした成熟が試されてもいた。

新たな、しかも高度な建築美の世界を生み出すことは容易ではない。まずは幾何学の美を信頼するにしても、その上で多くのやるべきことがある。見る者に「直方体をもとにしても様々に豊かな表現が可能だ」と思わせることで、新様式としての有効性も納得される。しかし、旧来の建築遺産が示したような成熟の手法を単純化し、幾何学的にすれば済むものではない。むしろ過去の実例への連想を断ち切る、既視感のない形態的豊富さの印象、目の緊張が目指されたはずだ。それが、彼の特に一九二〇年代の作品に、見慣れた「細部の洗練や魅力」などが乏しいことの理由だろう。シュタイン邸には、彼なりの原型にもとづく個性的世界の完成と、それによる斬新な視覚的緊張や、かつてない種類の建築的体験の充実がある。新様式としての創作の問題、特にその成熟に至る独自な試みのひとつの結論だといえる。単なる幾何学的純粋さからははみ出す、様々な具体的特徴の集積として、時代背景や作者の言葉よりは、形態的な結論である作品そのものから、よりよく理解できる種類の問題である。

第二章　「⊓型」と「⧹型」——持続する脇役——

「空中の直方体」に至る「実体の流れ」と「空虚の流れ」、それを導いた「⊢型」や「Γ型」等の「原型的輪郭の流れ」とその重ね合わせ。これら第一章で見たもの以外に、コルビュジエの一九二〇年代では、屋上や側面や足下の個性的な付加物が注目される。それらは、主役の変化によらず晩年まで持続していく「脇役」たちだといえる。

(1)「⛩型」と「▱型」——脇役たちとその起源——

❶ 付加物たちの類似——一九二〇年代と一九五〇年代——

シトロアン(一九二〇)は白い箱型様式の出発点である。チャンディガール州庁舎(一九五八)は、一九三〇年代以降の、白い箱型を捨てた後の変貌の到達点だといえる。両者は、時期、場所、気候風土、壁の素材や構法、機能、約二〇倍の規模の差など、多くの条件が異なっている。建物本体が「ほぼ直方体だ」という点だけは似ている。しかしその直方体の表情は対照的である。前者は一九二〇年代の典型で「白く軽やかで幾何学的」、後者は一九五〇年代の典型で「彫りが深く影が濃く重い」。こうした「主役の相違」は、上記の様々な条件の違いと、三〇年以上の時間の経過を実感させる。初期と晩年に、対照的ともいえる建築像が好まれたことがわかる。しかしそれらの主役に付加されたものたちだけは似ている。シトロアンの側面には外部階段が、屋上には線材による直方体がある。州庁舎の外観では、側面に寄り沿う斜路と、屋上に突出する線材と板による付加物が目をひく。主役の性格は異なるが、脇役たちには意外な共通性がある。

以上の二例では、箱型の側面外観を、「昇降装置の斜めの形状」が特徴づけていた。一方□⟍型は、空中で孤立する主役を補うような、「階段をもつ原型セット」であった(36頁)。またペサック住宅地のグラット・シェル型には、外壁の上部に階段の断片が貼り付いていた(44頁)。ラ・ロッシュ邸の入口ホールは、乗り出す階段の姿が印象的であった(7頁)。各々の位置や効果は異なるが、彼は階段の形を好み、そのつど何かを託し、箱型の内外を特徴づけていた。それらの中で、最も長く持続していたのが、側面に貼り付く階段だったようだ。

　ペサック住宅地（一九二六）で一棟だけ建つヴリナ型は、ピロッティがなく、構造も平面も「五原則」から遠い。曲面の壁が対比されて生まれる表情の豊かさもない。吹き抜けもなく、空間構成も個性が弱い。サヴォワ邸を予言するような特徴が乏しいのである。一方、直方体の本体には┏型が重なって見えた（53頁）。さらに側面には階段の⟍型が、屋上には⊓型をなす板状の付加物がある。六年前のシトロアンや三〇数年後のチャンディガール州庁舎が直接に思い出される。主役に重なる┏型も、脇役の⟍型と⊓型も、このヴリナ型だけのものではない。個々には、他の作品でも登場する特徴が、ここに出揃っている。そのままでは無愛想な箱型が、持続する好みの方法を動員して個性化されている。「原型的な輪郭」だけでなく、持続する「付加的な脇役たち」もまた、一九二〇年代に確認されていた。こうして、五原則から遠いヴリナ型は、革命へと向かう「主役の流れ」とは別の意義をもつことがわかる。主役以外の、むしろより長く続く特徴を集約した作品として、サヴォワ邸とは異なる重要性が感じ取れてくる。

　実現しなかったオリベッティ・コンピューター・センターは、当初は付加物をもたない、長い箱型が湾曲しただけの姿だった。しかし最終案（一九六五）では、七年前にインドで竣工した前掲のチャンディガール州庁舎と同様な脇役をもつに至っている。様々な案を試みつつ、結局は手慣れた方法に頼ってまとめたことがうかがわれる。マルセーユのユニテ（一九五二）では、斜路や階段が外にあら

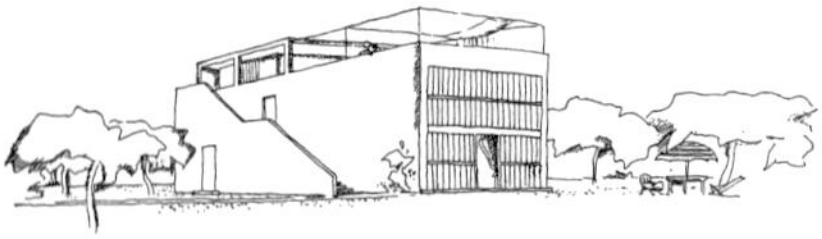 

シトロアン（1920）（左）とチャンディガール州庁舎（1958）（右） 前者は1920年代の白い箱型作品群の冒頭に位置し、後者は1950年代の彫りの深い造形の典型である。主役は全く対照的で、長い時間の経過と作者の変貌を実感させるが、付加された脇役たちには共通性がある

ペサック住宅地（1926）のヴリナ型 ピロッティも湾曲面も斜路もない点では、単なる箱という以上の特徴は乏しい。しかし、「╦╦型」と「⧅型」という2種類の持続的脇役が箱を性格づけている点では、典型的なコルビュジエ作品だとみなすこともできる

付加物たちの類似 1920年代と1950年代とで彼の作風は全く違う。しかし、屋上や側面に付加された脇役は似ている。彼の創作の、持続的な側面を捉える、「輪郭の原型」とは別の手掛かりがここにある

オリベッティ・コンピューター・センター初期案（1962）（左）と最終案（1965）（右） 付加物をもたない湾曲した箱型だったが、結局は手慣れた脇役を付けた箱型として整えられた

マルセーユのユニテ（1952）屋上 屋上に必要な付加物として、まずいつもの「⛩型」が思い描かれ、その後に保育園という機能を当てはめた、という発想過程さえ想像される。それほどに、持続的な脇役は機能や規模とはかかわりなく繰り返されている

われてはいない。しかし屋上で最も目立つ付加物のひとつは〒型に似た保育所である。「細柱が空中の板を支える」という、いつもの好みの付加物がまず鉛筆の先から、ほとんど無意識のようにあらわれ、その後に保育所の機能を重ねたのだろうと思えてくる。

一九二〇年代と一九五〇年代とでは、コルビュジエの作風は全く異なる。直接に目に映る違い、特に主役のそれが目立つ。軽やかで繊細な幾何学的性格は消え、重く彫塑的な存在感を誇示するようになる。それが彼の変貌を印象づけてもいる。しかし建築形態を構想し決定する手掛かりが、一〇〇パーセント変わり尽くすはずはない。逆に一見した変化の背後で、目立たないながらも続いているものもあるはずだ。それがむしろ「変化を支える役割」を果たしているのだとも思える。むろん「主役が直方体だ」という程度の共通性だけなら、高い意義があるとは思い難い。その主役を性格づけつつ全体の表情を整えて、一個の作品として仕上げるような効果をもつ脇役たちが変わらないなら、個性的な表現世界のあり方を持続的に支える特徴として注目もできる。

絵画の真贋の鑑定には、背景等、やや気楽に描かれたような部分に注目する方法がある。主役を生かし、全体の調子を整える際の特徴等に、見逃しやすいが重要な個性が読み取れ、判断の手掛かりとなるらしい。同様にコルビュジエ作品の脇役たちにも、意外に重要な個性的意味がうかがえる。具体的形態を発想し、最終決定に至るまでの想像力の働きの、特に脇役的なものにかかわる部分に、変化し難い何らかの独自なものが宿っている。それが蓄積されて、一方で成熟を、一方で自在さをもたらす。そんなふうにも想像されてくる。

❷ 出発点としてのシトロアン――「直方体＋最低限の脇役」という確認――

シトロアン（一九二〇）以前にも、箱型の作品はあった。コンクリートによる住宅地計画のトロワ（一九一九）もそのひとつである。先に、一端を掘り込み、大地に根差しつつ乗り出すような『型断面が芽生えている点に注目した（53頁）。しかしそれ以外は、単なる剝き出しの簡素な箱型というべきで、個性的な特徴に乏しい。やや横長の矩形窓が並び、一部に軒庇が残り、一見して単純だが、旧来的な建物の記憶を残していた。これと比べれば、翌年のシトロアン（一九二〇）は、一気に斬新で個性的な姿に飛躍している。より純粋な単一箱型に近づき、大ガラス面をもち、後の革命を的確に方向づけている。特にトロワにはない⊓型と⟍型という付加物が、清新な生気ある表情をつくる。⊓型は屋上に透明な直方体を載せたようだし、⟍型は目を対角線状に走らせる。両者の効果が、単なる裸の箱という以上の、新たな表現世界の始まりを雄弁に告げている。

シトロアンの「脇役セット」は、類似のものがトニー・ガルニエの「工業都市」（一九〇四年公表、一七年出版）に見出せる。工業都市には、旧来の意匠を、古典的感覚を残したまま単純化しつつも、極端に幾何学的にはなっていないような例が多い。急に無表情になったのでそれを補うかのように、凹凸や、何種類かの付加物が工夫され、外観を特徴づけているのが目をひく。そうしたものの中には、⊓型や⟍型に似た「外壁に併置された階段状の板」がある。シトロアンでの脇役とよく似たものが見出せるのである。直方体を建築形態として個性化するための可能な様々な方法の中で、三三歳のコルビュジエは、たった二つの付加物だけを選んだ。そこには、彼が創作的な判断を下す際の最低限の基

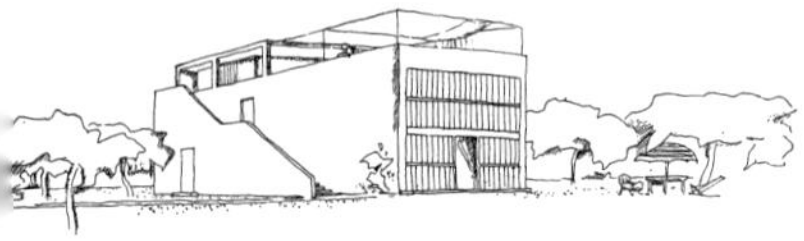

トロワ（1919）（上）とシトロアン（1920）（左）
1年の違いで、前者の、特徴が乏しい素朴な箱型が、後者の、個性的造形の出発点と呼べる姿となる。いまだ壁は分厚く、五原則の実現とは言い難く、ピロッティの萌芽すらない。しかし、何より「⊓型」と「⟍型」とが白い箱型に生気を与え、新時代の創作的緊張を喚起している

トニー・ガルニエ「工業都市」（1904 公表、1917 刊行）（上・右）「⊓型」や「⟍型」と似た要素も見出せるが、旧来的な付加物を剝ぎ取った素朴な箱型という印象。コルビュジエは、より純粋な直方体と２つの脇役の効果のみへと集約

出発点としてのシトロアン　単に「工場のような大ガラス面をもつ直方体建築」であるという以上に、厳選された２つの脇役によって、新しい形態世界としての清新な魅力を生み出していることが、生涯にわたる個性的追究の開始を告げる

準が反映されているだろう。それが、どのようなものなのかを検討する必要がある。

彼の一九二〇年代は、白い箱型の魅力をどうつくるかという、新たな形態の可能性が模索された時期だった。同時に、晩年までの長く独自な創作世界が、実現を伴って本格的に開始されたという、生涯の軌跡の冒頭部分だともいえる。旧来のものを否定し、新たな表現世界を生み出す試みは、建築形態を、根底から考え直すことでもあったろう。であれば、その成果には、白い箱型という狭い範囲を超えた、創作にかかわる最も基本的な問題も含まれていたはずだ。サヴォワ邸に到達すれば終わるような、主役にかかわる問題だけでなく、その先の展開をも基礎づける彼の個性の端緒が、この時期に得られたとも想像できる。白い箱型様式とかかわり、最初に模索した問題が、生涯にわたる展開の冒頭の問題ともなる。シトロアンの、より純粋で透明な直方体に近づいた本体はサヴォワ邸の革命を予言し、付加物たちは三〇数年後まで持続する問題を予言している。

前川國男の東京文化会館（一九六一）では、大きくめくれ上がる庇が目をひく。彼の他の作品にも同様な造形が複数見出せる。ロンシャン教会堂やチャンディガール議事堂からの影響である。一九五〇年代にコルビュジエが見せた彫塑的造形が、当時の日本でいかに魅力的に映ったかがわかる。チャンディガール知事公邸（一九五二）の屋上で反り返る板も似ている。この時期の、特にインドでの作品では、重く誇張的な造形がより加速し、特に部分が、その独自性を最大限に主張するような力強い変形を見せていた。こうした個性的表現は、初期から続く脇役と交差している。

国立西洋美術館（一九五九）は、箱型が外部階段をもつ□型の例に挙げた（37頁）。屋上には⊓型が見える。シトロアン以来の二種類の脇役をもつともいえる。特にここでの冂型は、いかにもこの時期の造形感覚を反映するように反り返り、前掲の知事公邸を思わせる。しかし、断面を見れば、知事公邸のものと違い、採光装置の屋根面として、「光を求めて」めくれ上がったのだとわかる。設計過程では、まず好みの冂型が鉛筆の先からあらわれ、それに採光装置という役割を重ねて変形し、強調的な表現としたとも思える。この反り返る板は、冂型が単なる付加物では終わらず、内からの要請に応じた、いわば空間的想像力をも反映しうる存在であることを教えている。

オザンファン邸（一九二二―一九二四）の屋上には工場のようなノコギリ型の採光窓がある。芸術家の住宅（一九二二）のヴォールト屋根もめくれ上がる天窓をもつ。ともに、光を求めて上へと向かうような内部の存在感が感じられた。部分の特徴が、空間を含むより全体的な意味を喚起する。

これらの住宅の基本は、白い箱に、主役を含む□型が重なる姿にある（36、37頁）。そこに「伸び上がる板」の冂型ではなく、「伸び上がる空間」を暗示するような天窓が加わる。脇役と天窓とは一見して異なるが、主役の上部に「伸び上がる効果」を重ねるという点においてだけは似ている。そうしたややルーズだが、意外に重要な意味をもつような気分が、手掛かりとして持続し、その表現として脇役や変形があったとも思えてくる。何より幾何学的完結が目指されていたような彼の一九二〇年代に、それを損なってでも、屋上に「上昇、乗り出し、膨らみ」という「内からの主張」を重ねようとする意図が読み取れてくる。付加的な脇役や部分の変形は、単に主役の味付けという以上の根深いものを反映させる手段であったらしい。

前川國男「東京文化会館」(1961)(左)と庇の内側(中)・前川國男「紀国屋書店ビル」(1962)(右)
機能的には板状の突出でよい軒庇が、めくれ上がって誇張される。背後から見れば、単に曲がった板に過ぎない。コルビュジエ後期の造形が、当時の日本でいかに魅力的に映ったのかがわかる

チャンディガール知事公邸(1953) 後期の彫塑的造形は、インドの風土に出会ってさらに強調される。1920年代には全体の幾何学的性格と歩調を合わせていた「ㅠ型」も、大袈裟にめくれ上がり、部分からの個性的な主張を際立たせていく

国立西洋美術館(1959)(上・右) 正面の階段に加え、屋上には4つの「ㅠ型」が載り、2種類の脇役が揃う。しかし「ㅠ型」は、内部の展示空間が光を求めるのに従ったようにめくれ上がる。かつての付加的脇役が、内からの空間的な欲求を反映しつつ表情を変える

オザンファン邸(1924)(左)の屋上ののこぎり型採光窓と芸術家の住宅(1922)の天井のめくれ上がり(上)は、ともにアトリエ空間が上空へと光を求めて伸び上がるという、内からの主張の反映に見える

めくれ上がる「ㅠ型」 シトロアンに始まる「ㅠ型」は、1920年代には多くの白い箱型住宅に付加され、1950年代には、めくれ上がって存在感を強調していく

❸「街路への乗り出し」と「足もとでのうねり」——もうひとつの脇役的なもの——

オザンファン邸（一九二四）の天窓は、伸び上がるだけでなく、乗り出してもいる。この点でラ・トゥーレット修道院の聖堂（一九六〇）と似ている。両者は三〇数年を隔て、機能も規模も、周辺の状況も全く違う。ともに直方体が基本だが、前者は軽やかで透明、後者は荒々しく重い。この間の変貌がわかる。しかしともに屋上に三角型の突出物をもつ。オザンファン邸での採光窓とは違い、聖堂のは鐘楼で、内部からの主張を反映するようなものではない。しかし屋上で街路側へと乗り出す表情だけは同じである。さらに両者は、足下に曲面壁が貼り付く点でも似ている。聖堂では、半地下礼拝所を囲み、住宅の方では外部階段を包む。しかしともに、大地からの上昇を示唆しつつうねるような連続面である。機能以前に、形態が共通する付加物たちだといえる。「屋上と足下とにこうした効果が欲しい」という同じ意図が背景に感じ取れてくる。その意図は、内部空間の性格を反映した表現となる場合もあれば、単なる外だけの付加物の場合もある。あまり厳密ではない、形態的な気分とでもいうべきこだわりが続いていたようだ。

救世軍本部（一九三三）は、ラ・トゥーレットの聖堂に似て、立ち塞がるような板状の姿であらわれる。難民を、その薄いガラス箱の本体に収容し、最上階に監理者らの住居が載る。後者は屋上で街路側へと乗り出すような形状である。低層部分は三種類の幾何学立体を接続した姿だが、その範囲内で、うねる連続面にも近づいている。大きく街路に面するため、脇役も幅広いが、基本となる表情、主役を性格づける効果には前掲の二作品と共通したものが感じられる。

透明な図形が重なる素描（一九二四、29頁）には、彼が求めている芸術の世界、サヴォワ邸に至る斬新な空間像が感じ取れた。一方、少し前には、日常の事物をそのまま描いてもいた。一見して素朴な描写だが、六年後の前衛画家としての主張とは別の重要性が読み取れる。『暖炉』（一九一八）では中央の石膏塊の脇に書籍が並ぶ。注文してつくらせたという「白い立方体」を主役に、芸術的世界をどう構成すべきかを試しているようだ。その解答が、やや古臭い「低く伏す脇役」を併置することだった。それは故郷での結論というべきシュオブ邸（一九一六、143頁）を思わせる。二年前に実作で試みた「高低二種類の要素の併置」と同じ構成感覚が、より純化して、絵画に再現されている。

　書籍は、この後の楽器や壜を主役とした絵画では、開かれて画面の奥に置かれたりもする。『卵のある静物』（一九一九）は、開かれた書籍が、奇妙な輪郭を際立たせて画面の手前にある。『レオンス・ロザンベールの静物』（一九二二）ではより単純化され、ほとんど書籍には見えないが、同じ輪郭で、同じ位置に配されている。板状の画面の特定の位置で、同じ役割を託されているようだ。この作品では、写実的な意図は後退し、ピュリスムの空間像にもとづく絵画として再構成されている。先の『暖炉』と比べ、目指す方向は全く異なるが、「脇役としての書籍」だけが共通している。

　ジェフリー・ベイカーは、救世軍本部がこうした静物画と似ているとする。まず、立ちはだかる板のような本体部分が絵画の画面を思わせる。その上で特に「複合的な要素が、一連のヴォリュームにまとめられ、（本体の）ガラス張りの膜に対照される」効果に注目する。板あるいは画面の足下の手前という位置を、うねるような要素が特徴づけるという点で共通するという。絵画の下側にある脇役的

オザンファン邸（1924）（左）**とラ・トゥーレット修道院**（1960）（右）　両者は、屋上には街路側へと「伸び上がり、乗り出す」三角型の付加物をもち、足下には「うねる」曲面を貼り付かせる。曲面は、前者では螺旋階段を包み、後者では採光筒を突出させ、ともに大地から伸び上がりつつうねる

「暖炉」（1918）　中央の主役に対し、「低く伏す書籍」という脇役が併置され、2年前のシュオブ邸に似ている。故郷での結論のような構成を、絵画上でより純化して再現している

卵のある静物（1919）（左）と**「レオンス・ロザンベールの静物」**（1922）（右）　前年の「暖炉」では閉じていた書物が、開かれ、画面の下半分を特徴づける。さらにその書籍の外周輪郭だけが、図形的存在と化し、同じ場所の抽象的オブジェとなる。それはキャンバスのような板状の救世軍本部の、足下の複合形態とも似ている。絵画の中の書籍が変貌し、建築の要素へと進化していく

「ボウル」（1919）（左）　主役である立方体の上端で、空中へと膨らみ乗り出すボウルは、**サヴォワ邸**（1931）（右）の屋上端部で、やはり膨らんだような存在感を示す風除けの曲面板と似ている

脇役以前の視覚的効果としての持続　「⊓型」や「⟍型」の変種といえる、「屋上で乗り出し」、「足下でうねる」効果をもつ付加物たちも、機能や規模や時期、主役の性格を超えて繰り返されている

救世軍本部（1933）と屋上の部屋　板状の本体が立ちはだかるように出現する点では、ラ・トゥーレット修道院に近い。屋上には「乗り出す」ような部屋たちがあり、足下には脇役がうねるように連なる点でも似ている。板状の主役にかかわる独自な構成感覚は、絵画をも連想させる

要素の効果が、板状の建築形態におけるそれと似ているのである。

こうしてラ・トゥーレットの聖堂の足下でうねる曲面は、遡ると絵画の中の「開かれた書籍のうねる輪郭」となり、さらに白い立方体の足もとの閉じた書籍となり、ついにはシュオブ邸の低層部分にまで到達することがわかる。故郷の建築作品で確認された「低く伏す脇役」の効果が、旧来的な写実絵画では書籍に託され、次いで開かれることで独自なオブジェとなり、前衛的絵画の画面の足下で、うねるような新たな脇役的生命を得る。それが再度、現実の建築形態へと戻され、変貌しつつ晩年まで持続していく。書籍の描写を介して飛躍し成長する脇役にかかわる想像力の展開が追跡できる。

サヴォワ邸の屋上に舞う湾曲板は奇妙でもある。「風除け」だというが、初期案では夫人室を囲む壁だった(37頁)。夫人室が下階に移った後も壁だけが残った。機能とは別に、形態として必要だったことがわかる。それは『ボウル』(一九一九)を思い出させる。立方体の上に、空中へと膨らむ姿のボウルが載る絵である。サヴォワ邸を経て最晩年まで続く「主役の上で乗り出す脇役」も、まずは絵画で追求されていた。石膏の立方体を、彼なりの作品の主役とするために、こうした脇役が必要に思えた。その同じ感覚の基本を保ちつつ、プラネクス邸(77頁)やオザンファン邸の天窓、救世軍本部の屋上の個室群、サヴォワ邸の風除け壁、ラ・トゥーレットの鐘楼等が生み出されていく。屋上に欲しかったのは、「こんな形」という以前の、「こんな効果」ということだった。従って、様々に応用できた。創作における持続するものを支える、形以前の、それゆえに自由な手掛かりのあり方がわかる。ここでも二種類の脇役は、遡るほどに、根深い背景を覗かせていくのである。

(2) 最初期と最晩年の直結──「傘」と「斜路」──

❶「巨大な斜路」と「大地の盛り上がり」──ブラジル学生会館とシャルイの屠畜場──

S・モースも指摘するように、コルビュジエが初期から晩年まで好んだ要素には「湾曲壁」と「斜路」がある。現行の全集では、最初の斜路はラ・ロッシュ・ジャンヌレ邸の初期案にある。当時は主に軍事施設用で、住宅での使用は稀だったという。それがとり込まれて住宅にドラマを生み、さらに晩年には外へ出て大型化し、より広く周辺とかかわる役割を担うまでになる。到達点はカーペンター・センター（一九六四）で、大きく引き伸ばされた斜路が街路のように敷地を横切る。計画案では、巨大斜路がうねって本体を貫通するストラスブール会議場（一九六四）が目をひく。ともに斜路が主役といえるほどに強調されている。これら約四〇年の変化は、室内の小斜路に始まり、多彩に作品を特徴づけつつ大型化し、重要性を高め、都市的な機能をもつまでに成長していく過程だと思えてくる。

斜路は階段よりずっと緩く上昇するため、外部にあって巨大化するほどに「地面の盛り上がり」とでもいうべき地形的な表情を併せもっていく。大地に根差すような存在感や運動感、空間的な効果を主張し始めるのである。ブラジル学生会館（一九五九）の低層部は、自由な曲面が大地に沿ってうねるような姿で、ピロッティ上の本体とは対照的である。その低層部の屋根面は、あたかも地面がめくれ上がるように緩く上昇する効果を見せ、斜路に似てもいる。空中の直方体に、大地からの上昇が組み合わされた姿は「⊓型」にも近く、主役の足もとの⧅型ともいえる。彼にとって重要だったのは「接地

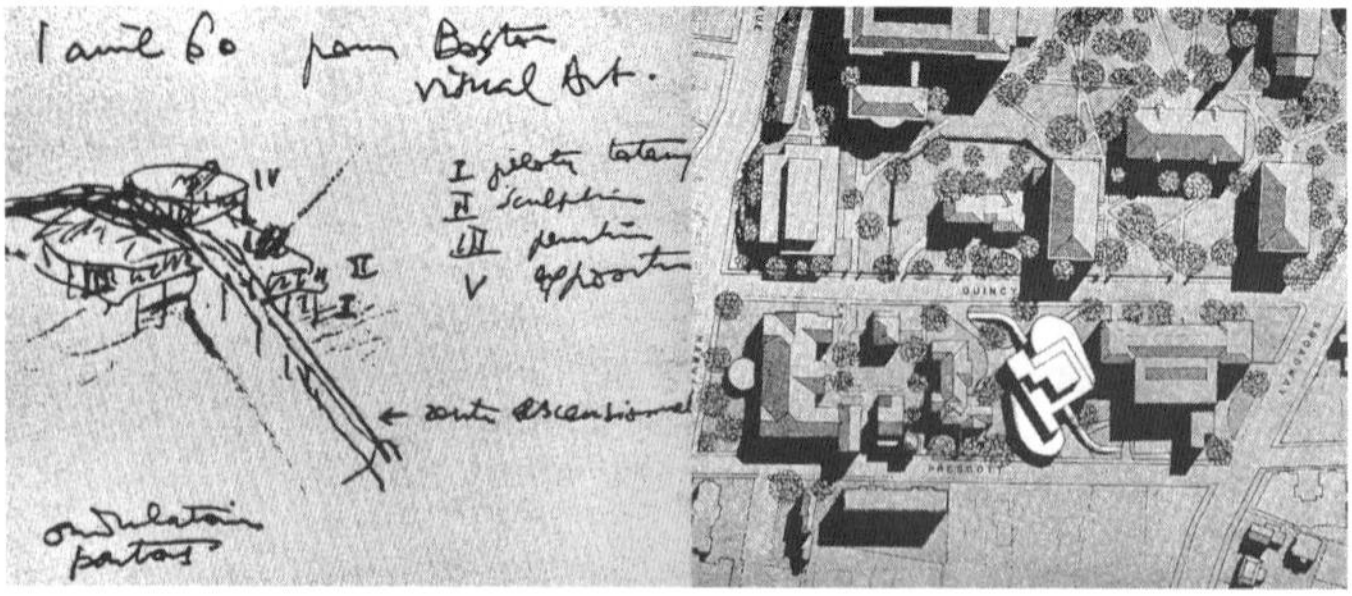

カーペンター・センター（1964）とスケッチ　敷地からはみ出すほどに大きく引き伸ばされた斜路は、都市的な機能をも担い始める。スケッチではより誇張的に描かれ、本体を脅かしている

ストラスブール会議場（1964）（右）　長さのみならず幅も肥大した斜路がうねって、「運動の表現」という本来の性格を強調し、ほとんど主役といえるような存在感で進化の果てを体現している

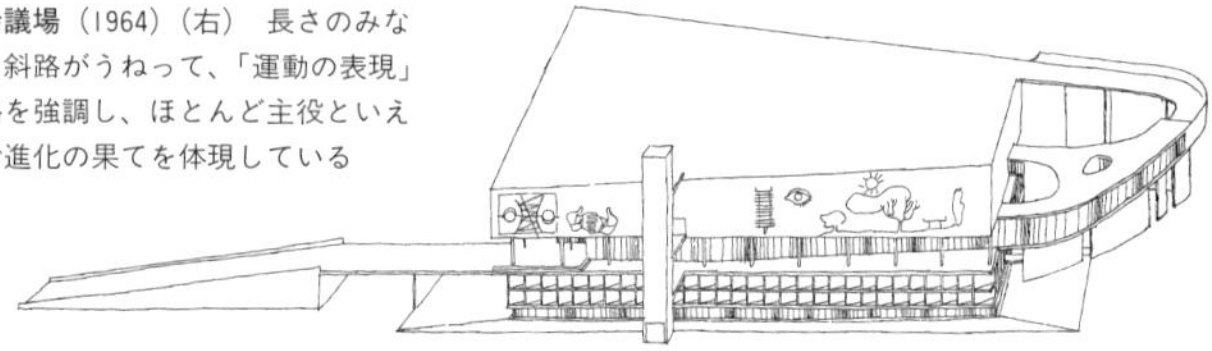

ブラジル学生会館（1959）　空中の本体と対比され、大地とともにうねる低層部は、屋根面があたかも地面がめくれ上がるように緩やかに上昇し、斜路のような視覚的効果を与える

「斜路」と「大地の盛り上がり」　最晩年に出現する巨大な斜路は、1920年代の住宅内のものが徐々に成長した果てのようだが、実は最初期に類似の構想があった

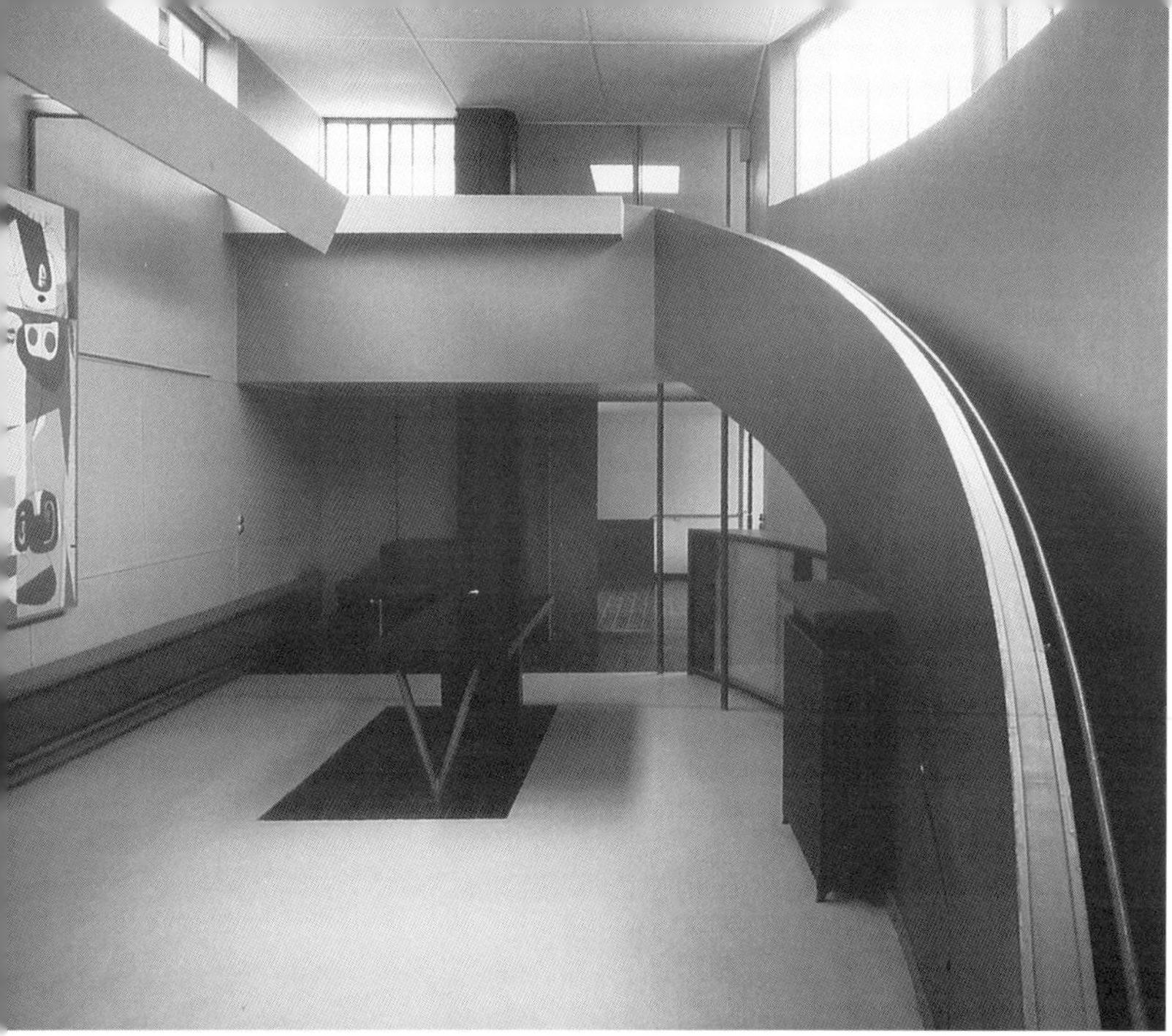

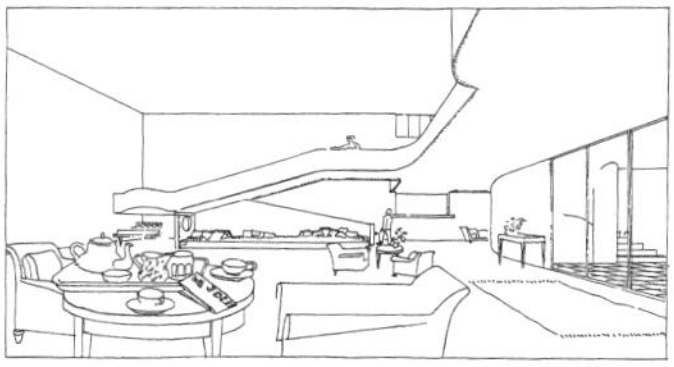

ラ・ロッシュ・ジャンヌレ邸（1924）**画廊部分**（上）**と初期案**（右） 現行の全集で見る限りは、ここで斜路が最初に登場。初期案では広い居間の吹き抜け内を、優雅に曲がりつつ上昇していたが、結局は、狭い画廊内の小さなものが実現。急勾配のために、昇降する際に足首に大きな負担がかかり、全身に緊張が走る。それは直接に、彼の故郷の豊かな自然に満ちた傾斜地を思わせる

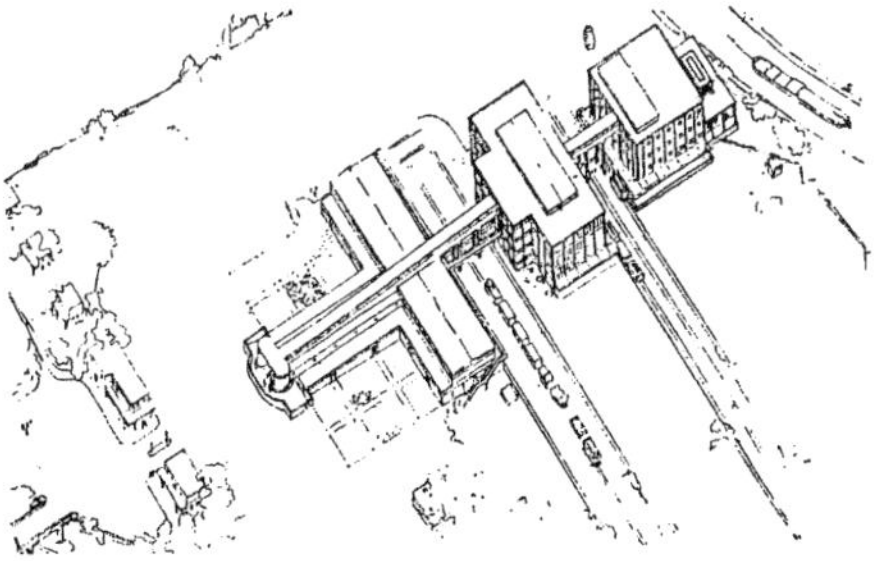

シャルイの屠畜場（1918） 全集初版に掲載されつつ後に削除された作品に、ラ・ロッシュ・ジャンヌレ邸より以前のほとんど地形的ともいうべき巨大な、最晩年の例に直結するような斜路が見出せる

部分に『大地に根差したある特定の表情』が欲しい」ということだったらしい。効果さえ似ていれば、階段、斜路、さらに低層部の屋根面にすら託しうるような表現意図だった。ラ・ロッシュ・ジャンヌレ邸内部の小斜路が成長し、外部に出て巨大化するほどに、昇降という機能にはとらわれない様々な大地からの上昇感覚という、より広く自由な想像力の中へと拡大していったとのだと思える。

現行の全集第一巻では、初版と比べ数十頁が消えている。シャルイの屠畜場（一九一八）も削除されたひとつである。構想の基本はカーペンター・センターに近い。最上階の屠殺場へと向かう家畜の搬入路が、ほとんど地形のような緩く長大な斜面となって、本体を貫いている。ラ・ロッシュ・ジャンヌレ邸より前にも、斜路が構想され、それは大きく盛り上がる「斜めの地面」のようであった。あたかも進化の果てのような最晩年の大斜路とよく似たものが、白い箱型以前の最初期にも計画されていた。ここでも、一九二〇年代から晩年にまで続く特徴は、さらに早い時期に萌芽があったとわかる。それは同時に、最晩年と最初期とをつなぐものが、具体的な形態の特徴として、さらにそれを支える形態感覚として、この屠畜場に見出せることでもある。

このパリに定住した年に構想された大斜路は、豊富な斜面地を背負う彼の故郷を連想させる。「父と私はよく山の頂に登った」「私の先生は言った『自然のみが人間に霊感を与える。自然のみが真だ』」（『今日の装飾芸術』前川國男訳、鹿島出版会）。尊敬する師を得た故郷で自然は斜面とともにあった。植物を描いたスケッチも多く残されている。この時期の自然観察が彼の形態的想像力のいわば「地」の部分を形成しただろう。それは斜面の感覚と不可分だったはずだ。豊かな目の喜びは、傾斜した地面が足首から全身に走らせる感覚とともに記憶の底に刻み込まれただろう。逆に斜面を昇降する際に特有な緊張が、深い形態的記憶の層を生き生きと蘇らせる、実り多い身体感覚だったとも思える。

当初は、最初の例だと思えたラ・ロッシュ・ジャンヌレ邸初期案の斜路は、吹き抜けの居間を折れ曲がって優雅に上昇していた。それが実施案では狭い画廊内の短い斜路となる。サヴォワ邸の斜路の二倍ほどの急勾配で足首には大きな負担がかかる。多少無理があっても斜路を実現したかったのだろう。この住宅は「建築的な散策を求めるもの」で「みちに沿って進むと、いろいろな変化を示す見通しがあらわれる」と説明されている。多彩な体験を与えようとする演出の中に斜路を含めたかったのは、それが彼にとって特別だったからだろう。確かに画廊の曲面壁に沿って急傾斜を昇降した経験は忘れ難い印象を残す。この施主とはパリのスイス人サークルで知り合っている。同じ故郷に根差す共通の身体感覚が、設計過程で増幅されたとも想像できる。こうしてラ・ロッシュ・ジャンヌレ邸の小斜路の背後に故郷の斜面が見えてくる。全集から削除されたシャルイの屠畜場の姿がその間をつなぐ。

ロンシャン教会堂は突然に出現したわけではない。あらゆる制約から逃れえたための奔放な飛躍の結果ではない。彼の想像力の持続する層を反映した構成感覚を隠してもいる(66頁)。根深いこだわりが晩年になるほどに可能性を広げ、最大幅の自由を得た。長い追究と蓄積を経て到達した個性的世界の極というべき自在さだったろう。主役を脅かすような巨大斜路は、確かに、晩年の誇張的な表現傾向と関係があるだろう。しかし、故郷で深く身体に刻み、半世紀にわたって想像力の底にあり続けた「実り多い斜面的感覚」の成熟の果てともいうべき自由さの産物でもあったはずだ。

❷ 重なり合う二種類の感覚――「垂直の上昇」と「緩やかな上昇」――

チャンディガールで最初に実現した高等法院（一九五三）では、戦後の彫塑的な造形感覚が、北インドの厳しい風土に出会って誇張されている。特に正面は、深さ一・四メートルの日除けがほぼ全面を覆い、影の濃い閉鎖的な表情が基調である。しかし中央左部分は大きく開かれ、背後に、原色に塗られた三本の壁柱と、さらに奥に斜路を覗かせてもいる。全体の重苦しい表情の中、ここだけが視線が抜け、生き生きとした視覚的ドラマで目をひく。ドラマの基本は、「巨大な傘」状の屋根を支える三〇メートル近い壁柱の「伸び上がる」姿と、大地から「緩やかに上昇」する幅広い手摺壁との重なりにある。実際この時期の彼の作品には、同様な「対比的重なり」で特徴づけられる効果が多い。カーペンター・センター（一九六四）の巨大斜路も、細い円柱が林立する間を抜けて昇る点では似ている。国立西洋美術館（一九五九）の一九世紀大ホールは、上から落ちる光が印象的だが、基本は、細く天井まで伸び上がる二本の円柱と、緩く上昇する斜路との対比にある。それが、ここでの視覚的事件の骨格となって空間を性格づける。チャンディガール議事堂（一九六四）の内部でも、林立する細柱は、床から天井面までを貫き、伸び上がるように天井を支える。そこに幅広い手摺の水平帯が対比されて重なる様が、空間としての基本的性格を印象づける。

彼のつくる内部空間は、初期から晩年まで、しばしば「外周から侵入するものたち」により個性化されていた（7頁）。しかし同時に、前記のような対比的な重なり効果もまた繰り返し見出せる。チリに計画されたエラズリズ邸（一九三〇）は、主たる壁や床は石造だが、屋根とそれを支える部分は木造である。現地の未熟な技術に拠りつつ、木の幹を柱として並べることで、室内の基本を性格づけている。この住宅の断面はアントニン・レーモンドが真似たことで知られる。断面の特徴は、伸び上がるように屋根を支える七本の細柱と、石床から緩く上昇する石貼りの斜路との重なりにある。一九五〇年代以降の内部空間を特徴づけていたのと類似する対比効果が、このサヴォワ邸工事中の時期の住宅計画にも見出せる。確かに彼は早い時期から斜路を好んでいた。また彼がなした構法の革新は、壁から自由にした柱を、室内側に並べることでもあった。であれば、戦後作品の内部を性格づけると思われた特徴も、五原則にもとづく当然の結果を基本にしていることにもなる。こうして先の対比的な重なりがつくる効果もまた、一九二〇年代に確認されたもののひとつだとわかる。

シャルイの屠畜場の本体は、細い柱が軽やかに反復された外観である。五原則を主張するよりずっと前の作品とはいえ、彼には珍しく、最も外側に柱が並び、そのリズムが表情を決定している。ごく細く全階を貫く姿は、新たな構築技術が、柱の「垂直の上昇感」すら生み出しうることを語っている。そんな箱を斜路が貫いていく。斜路は、人間や自動車が大地から「穏やかに上昇」する様を喚起する。屠畜場の立面全体は、構築体としての物体の急速な「垂直の上昇感」と、利用する人間等の「緩い上昇感」という、二種類の効果の組み合わせだといえる。旧来の建築がもっていた存在感の基本は、押しつけられ大地に密着する不自由さの印象が支配していた。ここでは、それから逃れようとするような、新たな自由と緊張が実感される具体的表現が重なり合っている。

ボルドーの屠畜場(一九一七)は、やはり全集第一巻の初版に掲載され、後に削除された。妻側は、

チャンディガール高等法院（1953）　後期に多い、彫りが深く閉鎖的な正面だが、中央左部分が大きく開き、背後の上昇する斜路までが見通せる。それが、「巨大な傘」と説明される「差し上げられた屋根」と対比される。一見して重苦しい外観に、2種類の上昇する運動感が重なって、独自な生気を生み出す

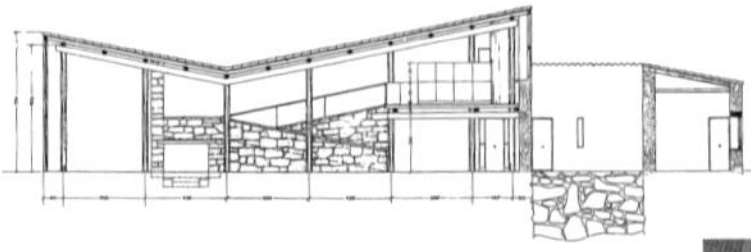

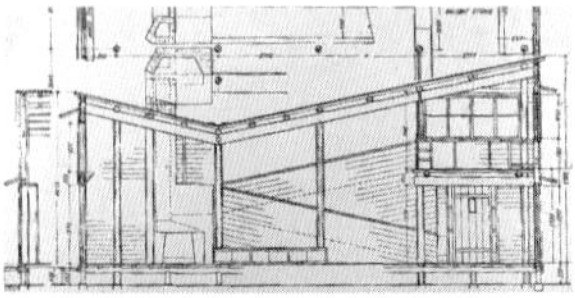

エラズリズ邸（1930）（上）とアントニン・レーモンド「軽井沢の夏の家」（1933）（下）　2つの断面は、屋根と同じ傾斜で上昇する斜路等が似る。コルビュジエの断面の方が、垂直線の間を、幅広い手摺面が抜けるという対比効果がやや強く、1950年代の空間の基本的性格を予言。手摺壁が床と同じ石貼りのため、大地に根差しつつ上昇するという、発生時の個性も明瞭

国立西洋美術館（1959）19世紀大ホール（上）・チャンディガール議事堂（1964）内部（中）・カーペンター・センター（1964）内部（下）　これらほぼ同時期の内部では、「伸び上がるような細い柱の林立」の間を「幅広い手摺壁をもつ斜路や通路」が通過する。2種類の運動感が対比され、空間の個性を決める支配的な効果を生む

シャルルイの屠畜場（1918）立面（上）「五原則」以前の作品らしく、柱列が後退せず、外周部分に立つ。そのため、外観全体としては、「林立する柱の間を抜けて昇る斜路」という効果が感じ取れる

ボルドーの屠畜場（1917）妻側（左）　立面の矩形輪郭内に、「伸び上がる細柱群の間を抜けて上昇する斜路」という対比感覚が集約。そのまま、チャンディガール議事堂内部などの、晩年の空間の基本を予言。後に全集から「削除された」これら2棟の屠畜場の外観の基本は、「ㅠ型」と「⟍型」の組み合わせだと理解できる

重なる上昇　　多彩な変貌にもかかわらず、1920年以前にも晩年を直接に予言する例がある。「ㅠ型」と「⟍型」による「2種類の上昇感覚の対比」である

シャルイのものと同じ「上昇する細柱群の間を抜ける斜路」という対比が、さらに集約された立面形を見せる。全階を貫く細柱と、折れ曲がりながら昇る斜路とが、矩形の枠の中で重なり合った姿なのである。それは約半世紀の後のチャンディガール議事堂内部を、直接に連想させる。前者は立面、後者は内部であり、機能も全く違う。しかし、その異なる各々を通し、それぞれの範囲内で語っている視覚的セットが共通する。基本となる対比的な構成感覚が、組み合わせの美学が一致する。確かに一九二〇年以前、彼がパリに出た頃の作品には、後の白い箱型への直接の予言は乏しい。しかし様々に見出せる初期的な模索は、すぐに不要となるような、単に未熟なだけの試みではなかった。より深いところまで届き、むしろ初期と晩年が直結するような重要な確認がなされてもいたようだ。

二つの屠畜場の基本は「⊓型と⧹型との重なり」ともいえる。つまり、一九二〇年のシトロアンから晩年まで続く「脇役セット」は、白い箱型以前にまで遡りうることになる。それも全集にいったん掲載した後に削除された作品に直接の根がある。狭く「脇役」という範囲を超えた背景がうかがえるだろう。こうしてチャンディガール議事堂内部は、⊓型と⧹型とが、それらだけで特徴づける空虚部分だということにもなる。持続する脇役たちの効果のみが性格づける空間。かつて奉仕していた主役の「白い直方体」が消え、脇役たちが、何もない空隙部分を性格づけている姿。こうして議事堂内部は「脇役の流れ」のひとつの到達点だともいえる。一方でその起源はボルドーの屠畜場の妻面に求めうる。五原則より以前、柱が内か外か、立面の問題か内部の性格かという区別以前に、より純粋な形のこだわりとして、長く繰り返されることになる特徴的な対比感覚がまず確認されていた。

❸「⋈型屋根＋▱型斜路」の持続――個性的世界を保証する最小限の枠――

サヴォワ邸（一九三一）以降、彼は白い箱型から離れ、様々な試みを始める。それが一九五〇年代以降の豊かで個性的な造形世界に結実していく。たとえば一九二〇年代の主役は、壁の「囲み」も屋根の「覆い」も差がない、上下左右が「均等な包み込み」に近いことが特徴的だった。それが一九三〇年代には、屋根の存在感だけが強調された、「囲みが弱く、覆いが強い」作品が登場してくる。リエージュ博フランス館（一九三九）がその最初の例である。それらは、「空中の個性的な屋根」と「大地から上昇する斜路」とが目立つことが特徴である。同様な組み合わせが繰り返され、三〇年近くにわたって特徴的な流れをつくり、没後のコルビュジエ・センター（一九六六）で実現に至る。ここにも重要な持続する「原型セット」のひとつが見出せる。

フランス館は博覧会のパビリオンとして計画された。四個の単位からなる屋根が空中に浮き、緩い斜路状の通路が大地に這う。低い展示壁は立つが、建築形態としては例外的なほどに、「囲みの効果」がほぼ消えている。上空と足下の二種類の要素だけが目立つ。それゆえに一方の極だともいえる。短期使用の仮設的建造物のため、目指した方向が明快に集約されたのだろう。

ポルトマイヨの展示館（一九五〇）も似ているが、屋根はフランス館よりも独自である。一見して、鉄で組み立てたネスレ展示館（一九二八）に近い。しかしここでは反転型が併置され、晩年まで繰り返される個性的な「⋈型」の最初の登場となっている。日本からの国立西洋美術館の設計依頼に対し、コルビュジエは当初、周辺も含めた文化センターを設計した（一九五六）。中心となる美術館のほか、箱型の劇場と「∽型」屋根の展示館が配される。後のチャンディガール行政地区のように、複数の建物が対比し合う全体計画の中で、小規模だが、他の二棟とは異なる個性を主張している。アーレンベルク館（一九六二）の模型写真では、「∽型」屋根は空中で身をくねらせ、乗り出すようである。エルレンバハ国際センター（一九六三）も似ている。以上の四例では、最初のフランス館と違い、壁が囲む展示部分も用意されている。しかし特徴の乏しい箱型にとどまり、屋根と斜路とが、全体を枠取るように印象を決定している。こうした流れの、最初で最後の実現がコルビュジエ・センター（一九六六）である。展示部分は、色彩は華麗だが単純なガラス箱である。それを差し上げられた「∽型」屋根が大きく覆い、訪問者へと突出する斜路とともに、全体を枠取るように個性化する。

　彼の作品群には様々な原型のあり方が見出せる。矩形断面の半分に中二階が挿入された「シトロアン型」は住空間に多い。「エマ修道院型」とでも呼べる、単位が外向きに囲む平面型は、主に集合的な用途に使う。ともに、ある程度まで機能に対応した原型だった。彼が提案した展示建築の原型としては、一九二〇年代末から繰り返された「無限成長型」が知られる。鑑賞者の動線を直接に平面形に反映させた、より狭く展示機能に則した原型である。これまで見てきた「∽型屋根＋⧅型斜路」も全て展示施設だった。しかし個性的な覆いと、斜路や通路とを組み合わせたというだけである。展示の用途だけに対応しているわけではない。機能的解決とは別の、彼の作品と化すための純粋に形態的な、いわば立ち姿にかかわるこだわりだけが集約されている。

「∽型屋根＋⧅型斜路」は、空中に属する個性と、大地に発する個性とが、主空間を枠取る効果を

ネスレ展示館（1928） 鉄で組み立てた屋根が、後の「∿型」を予言。いまだ萌芽的とはいえ、後期の個性的造形の、意外に早い先祖がここにもある

リェージュ博フランス館（1939） 囲む効果はほぼ消え、低く這う斜路的な通路と、空中の覆いのみが、「上下から枠取って」最低限の個性的世界を保証するという原型のあり方が芽生えている

ポルトマイヨの展示館（1950） 反転型を連結した独自な「∿型」の屋根がここで明瞭になり、没後の実現まで持続する

上野の展示館（1956）（右） 国立西洋美術館（1959）（左）とともに計画された施設。誇張された脇役だけが支配するようなこの既成の原型を適用

「∿型屋根＋＼型斜路」の系譜　ある特徴が芽生え、持続しうる原型として確認され、繰り返され、実現に至るという長い過程。展示建築のみの機能的な型ではなく、主役そのものでもなく、「∿型」と「＼型」とが最小限の枠となり、独自な作品世界を保証するという「脇役セットとしての原型」である

アーレンベルク館（1962） 発表された模型写真では、「∽型」の屋根は、空中で身を乗り出すようような運動感を喚起し、「⟍型」との類似さえ感じ取れてくる

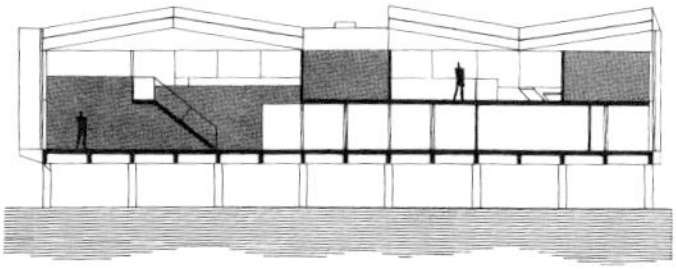

エルレンバハ国際センター（1963） 壁が囲む本体部分の個性は弱い。基本は「∽型」と「⟍型」による枠取りが支配

コルビュジエ・センター（1966） 執拗に繰り返されてきた「∽型＋⟍型」が、ようやく没後に実現

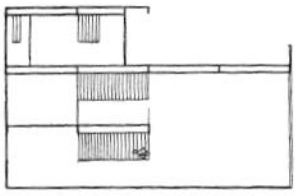

シトロアン（1920）断面（左） 故郷の住宅作品でも見られた「吹き抜けを核とした構成」は、ここに至って「中2階が挿入された矩形断面」として確認される。主に住空間に使われる、最も重要な持続的原型となっていく

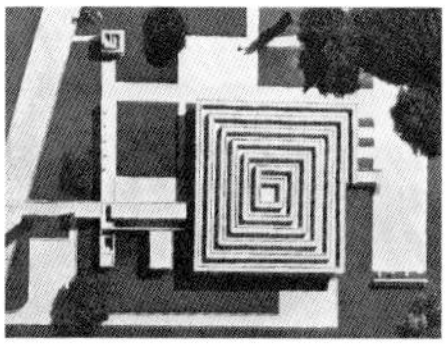

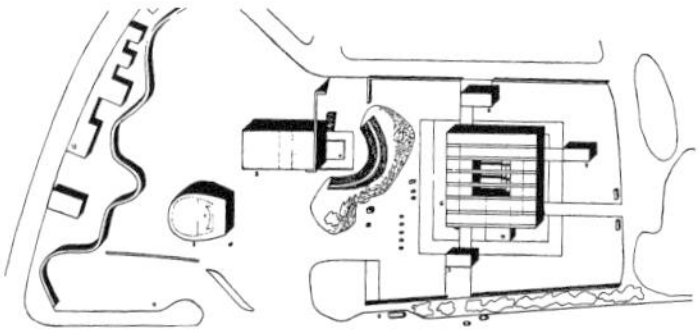

ムンダネウム計画（1929）（左）・無限成長美術館（1939）（中）・アーメダバド美術館（1956）（右） 当初は巨大に盛り上がる記念性と重なって芽生えた渦巻き型（左）が、より一般的な展示施設の型（中）となり、戦後に実現に至る（右）。1920年代の萌芽的な発想が、純化した原型として確認され、現実の作品となっていく過程は、「∽型＋⟍型」にも似て、持続する個性的展開の例

多様な「持続する型」 原型的想像力は様々に宿り、断面や平面のこだわりとなる

もつ。それは持続的な脇役である⊓型と⧹型とが、セットとして全体を性格づける姿だとも見えてくる。「脇役を付加する感覚」がそのまま「建築形態を個性的に枠取る感覚」と重なっていることがわかる。そして「⋈型屋根＋⧹型斜路」は、立面にあらわれ、特定の機能以前に存在感や立ち方の基本的表情を性格づける点で、┗型や┏型という輪郭の原型とも似ている。具体的な形態の特徴でありつつ、長く持続して、発想のある部分を支えていたようだ。

　建築形態は、無から突然に生み出されはしない。すでにもっている何らかの「手掛かり」に載るようにして具体的になっていくだろう。個性の根とは、各建築家のそんな使い慣れた「手掛かり」の部分に宿っているともいえる。故郷での彼は「矩形と円弧の対比」という漠たる感覚の「手掛かり」に載せて具体的表現を構想していたようだった（41頁）。一九二〇年代には、発想はずっと複雑になっていく。確かに幾何学を好んではいた。しかし高度な図形的純粋さを目指すほどに、建築の形態世界との相違が実感され、それが彼の新たな「手掛かり」を具体的に意識させたとも想像される。多くの作品がもつ、「単なる箱型だという以外の特徴」がそれを語っている。建築形態を彼なりに幾何学に沿って絞り込んでいくと、単なる直方体や正方形とのずれが実感されてしまう。それが具体的には┏型や┗型を描かせ、脇役を必要とさせもした。□⟍型もそんなひとつだったろう（36頁）。より早い時期から、何らかの変化し難い「原型的感覚」とでもいえるものが獲得されていて、それが一九二〇年代になり、強力に幾何学を意識する場面で、ある実り多いずれの感覚を促した。であれば、個性的な輪郭や脇役の根は、むろん機能以前のものであり、白い箱型以前にまで遡れるはずだ。

(3) 脇役セットの起源——遡られる「⊓型」と「⟍型」——

❶ 消えていく主役——ランブイエの週末住宅からポワレ邸へ——

一九二四年のサロン・ドートンヌに、二〇分の一の石膏模型が三点出品された。個性の違う箱型住宅で、ラ・ロッシュ・ジャンヌレ邸、ベスヌス邸、それに当時の最新作で、実現はされなかったランブイエの週末住宅である。「新しい技術の可能性を詩情に訴える表現たらしむべく模索」したと解説されるこの週末住宅は、ペサック住宅地のヴリナ型（一九二六）に似ている。少し複雑で、本体はずっと横長だが⊓型と⟍型という付加物が共通する。単なる箱型であることを超えた特徴が、彼の言う「詩情に訴える表現」であるなら、それはこれら付加物による効果のことになる。

⊓型と⟍型の起源はシトロアン（一九二〇）のようだった（96頁）。しかしその萌芽は、白い箱型より以前の、「海辺の別荘」と題されたポワレ邸（一九一六）に遡れる。この住宅は「基部＋本体」という姿である。基部の方は階段を含み、大地から身を起こし、空中で突出する断面形をもつ。背後で腰を落とし、前で乗り出すような身体感覚を連想させる。それはランブイエの週末住宅の⟍型にもよく似ている。同時期のトンキン住宅のスケッチにも類似の輪郭がある。同じ姿勢の感覚という、独自な緊張感が持続していた。それがランブイエでは、ポワレ邸の基壇よりは容易な、単なる側面の付加物である⟍型に託されたのだろう。同時に、晩年まで続く⟍型の起源は、「階段のような基壇」だったということがわかる。脇役は、何より全体に与える効果が特徴的だった。持続していた姿勢や立ち方にかかわる感覚が脇役を付加させたのだと思えてくる。

ポワレ邸の本体部分は、軒庇のない、純粋な直方体の輪郭をもち、後の白い箱型を予言しているようである。しかしその箱型の輪郭内では、「細い列柱が屋上板を支える」様が表現されている。こうしてポワレ邸では、基壇は「大地から伸び上がり乗り出す」表情を、本体は「板を差し上げる構築体」の表情をもつことがわかる。外観全体は、ほぼ同時期の屠畜場（112頁）にも似た、「二種類の上昇効果」を喚起している。建築にかかわる想像力の新たな自由、旧来の重く圧縮力に満ちた存在感から逃れ出る具体的緊張が複合されている。それはまた、初期的な未分化で不徹底な姿とはいえ、晩年まで持続する⊓型と⧹型の組み合わせの先祖だとも理解できる。後の「主役」ではなく、「脇役たち」の個性を直接に予言している全体なのである。

「白い箱型」という主役は、まず最も基本的な性格として幾何学的純粋さを目指すものだろう。その点では、現実の物体としての「立ち方」の緊張などは表現し難い。それを補うように、脇役たちは、「大地に対してどんな関係をもっているか」ということを語っている。その脇役たちの方が、時代の動向と併走する主役の「白い箱」より早く登場していた。ポワレ邸の全体には、後の革新という以上に、彼の個性的な表現世界の縁取り部分が集約している。彼の作品だと保証する特徴のみが、主役の到来を待っている姿だともいえる。シトロアン（一九二〇）を構想する段階で、白い箱型という主役がまず選ばれ、それに伴ってふさわしい脇役たちが選ばれたのではなかったようだ。より早く、彼の作品の「独自な存在感」だけを演出する「脇役セット」の方が確認されていた。それらによる枠の中

ペサック住宅地のヴリナ型（1926） ピロッティもなく、「⊏型」でもない直方体が、「冂型」と「⟍型」のみで特徴づけられる。脇役だけで箱型を個性化している点で、彼の典型的作品

ランブイエの週末住宅（1924） ヴリナ型の「箱＋脇役」という明快さと比べやや複雑だが、基本は似ている。より低く伏すような姿の中、「⟍型」が、大地に発し空中で乗り出すような姿が特徴的

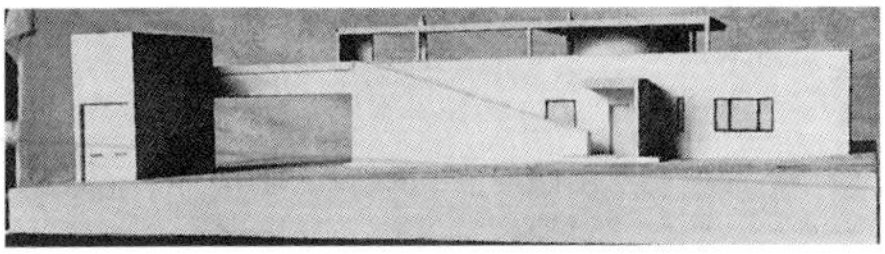

シトロアン（1920）（左） 「⟍型」の起源は、ヴリナ型のような純粋な階段のままではなく、大地に根差す三角板の性格ももっていた。その意味は、さらにポワレ邸にまで遡ることでわかる

トンキン住宅（1924）（上） このスケッチの側立面は、ポワレ邸の基部と似ている

ポワレ邸（1916）（右） 本体は、直方体状の外周輪郭内で、「冂型」を表現。基壇部分は、階段と未分化で、「⟍型」の発生時の事情を教えている。「冂型」と「⟍型」という持続的な脇役たちの萌芽が、ずれて組み合わされた構成で、全体輪郭としては「⊏型」をなす。確信をもって意図されたものではないにせよ、複数の原型的特徴の芽生えが集約されている

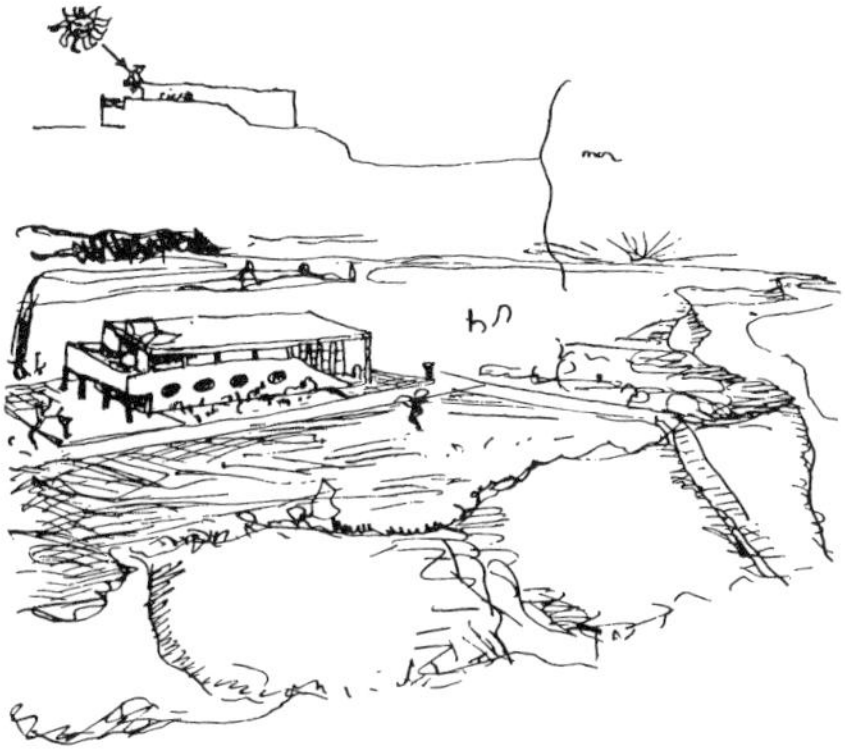

消えていく主役 ヴリナ型→ランブイエの週末住宅→シトロアン→ポワレ邸と、脇役たちの起源を遡っていくと、主役の箱型が消え、「冂型」と「⟍型」だけが残る

に、一九二〇年代になって、時代と併走する主役が参加し、個性的な作品世界をつくっていく。

シトロアンのΠ型と▱型はガルニエの影響のように見える（96頁）。しかし両者を選ばせた感覚は、すでに四年前のポワレ邸に見出せる。それを背景に、ガルニエの多くの初期的試みの中の、二つだけが特に注目された。主役の直方体の方が後で選ばれ、むしろ一時的に信頼されたもので、取り替え可能だったともいえる。実際、白い箱型を捨てた後、晩年まで持続しえたのは、むしろ脇役たちの方だったからである。すなわち、Π型と▱型の起源を、ペサックのヴリナ型↓ランブイエの週末住宅↓シトロアン↓ポワレ邸と遡っていくと、そこで主役が消えてしまう。一九二〇年代を支配し続けた主役の「白い箱型」が退場し、付加的な脇役と見えたものたちだけが残された姿に至る。ここにも彼の創作における持続と変化のあり方、及びその起源が見える。

ポワレ邸の全体輪郭は┗┓型であり、その範囲内で、Π型と▱型の先祖がずれて重なった姿を表現している。基壇と本体との「ずれた構成感覚」、「脇役たち」の萌芽、それに┗┓型輪郭と、ここに見出せる全てが彼の個性的な形態世界を予言している。シュタイン邸（86頁）にも似て、重要な原型的構想が重なり合っている。実作に恵まれぬ最初期、手探りの中でも充分に考え抜かれ、絞り込まれたものだけが複合されたのだろう。ほとんど無意識ではあっても、後に重要性を高めていく形態的こだわりが集約されることとなった。ここに重なる複数の原型的可能性の各々が取り出され、その特徴が確認され、進化していく。またそれが重なって別の複合がなされる。生涯に何度も見られるそうした彼の独自な展開方法の、原点ともいえる最初の集約がこのポワレ邸だといえる。

❷ 直方体が内包する「〒型」——クック邸とベゾー邸——

ペサック住宅地のヴリナ型（一九二六）は、それのみでは無愛想で「詩情に訴える表現」（119頁）に乏しい単純箱型の本体を、好みの付加物で味付けした作品に見える。脇役を付加することで、全体の表情を彼が納得できるものとした、そうみなすのが普通だろう。しかし逆に、一〇年前の屠畜場やポワレ邸ですでに確認されていた「脇役セット」の隙間に、新たに主役の「箱型」を挟み込んだ姿だとも理解できる。〒型と⧅型とは、様々な主役を挟み込み、枠取って彼の作品としての個性を保証するセットであった。それは一九五〇年代には、一九二〇年代とは全く違う性格の主役に奉仕する。交換可能なのはむしろ主役の方だった。脇役たちは、全体の第一印象を決定するほどの強い主張はしない。しかしそのつどの主役の性格に、ある「立ち方」の効果だけを重ねて見せる。それは、彼が持続的にこだわり続けたものが、ある種の存在感の特徴だけだったことを暗示してもいる。

クック邸（一九二六）は、両側を隣家に挟まれた中で「空中の白い箱」を表現している。作者は「まぎれもないキューブの住宅」と呼ぶ。五原則が出揃ったともされる。しかしそれだけで理解できるほど単純な作品でもない。確かに最も目立つピロッティや水平連続窓は「五原則の実現」だとみなせる。しかしたとえば正面の最上部の浮いたような水平板は説明し難い。板を支えているような異常に細い四本の柱は、構造体ではない。装飾的な垂直部材である。非現実的なほどの引っ張られた緊張が、「板を差し上げる表情の極」を感じさせる。単なる「空中の白い箱」では不充分だ。正面の上部には伸び上がるような表情が欲しい。「まぎれもないキューブ」に⛩型を重ねよう。そんな意図だと理解すると、ポワレ邸にまで遡りうる問題と重なってくる。

ベゾー邸（一九二九）の初期案（一九二八）は、「ピロッティ上の箱」という輪郭内で、屋上の板一枚を高く掲げている。それはアフリカの厳しい風土で、日陰をつくるために、最上部のスラブを「傘のように」扱ったためだと説明されている。しかしそれは直方体の輪郭内に⛩型が重なった姿でもある。一連の白い箱型も終わりに近い一九二八年のこの計画には、一二年前の、白い箱型が誕生する前夜のポワレ邸の記憶が蘇ってもいる。重要な動機が日除けだったのは確かとしても、それが「初期から持続する形態的問題」を通して構想され、表現されていることがわかる。

彼の一九二〇年代には⛩型の例は多い。ペサック住宅地のヴリナ型やシトロアンでは屋上に「付加された脇役」に見える。クック邸やベゾー邸では、主役の直方体状の輪郭内に含まれている。前者は「すぐに取り外せる」ようである。後者は基本的に異なり、直方体自体の性格を「内から変質させる」ようでもある。しかしだからといって、オザンファン邸の天窓のような、内部が光を求めて伸び上がる効果（99頁）ほどの空間的な意図は希薄である。主役である白い箱型の上部に、「伸び上がる」ような効果を与えたいとする意図としては同じでも、三種類の全く異なる表現が生み出されている。一九二〇年代には、皆白い箱型様式という範囲内での出来事なので、それほど大きな相違は感じ取れない。しかし後の展開を追うと、これらの僅かな差が、めくれる⛩型や「⋈型」など、各々が別々の変貌へとつながっていたことがわかる。屋上の板一枚が個性的世界を増幅していく。

クック邸（1926）「空中の白い箱型」の頂部の、極端に細い柱が板を差し上げる「ㅠ型」は、ポワレ邸にまで遡れる。白い箱以前の追究が、白い箱を豊かに見せている

ペサック住宅地のヴリナ型（1926）主役が直方体とされ、その後に脇役が付加されたのではない。先に用意され、寿命も長い脇役たちの隙間に主役が挟み込まれた姿だともいえる。取り替え可能なのは、むしろ主役の方だ

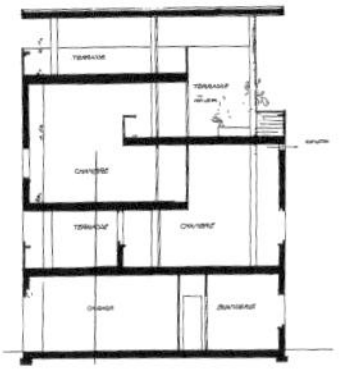

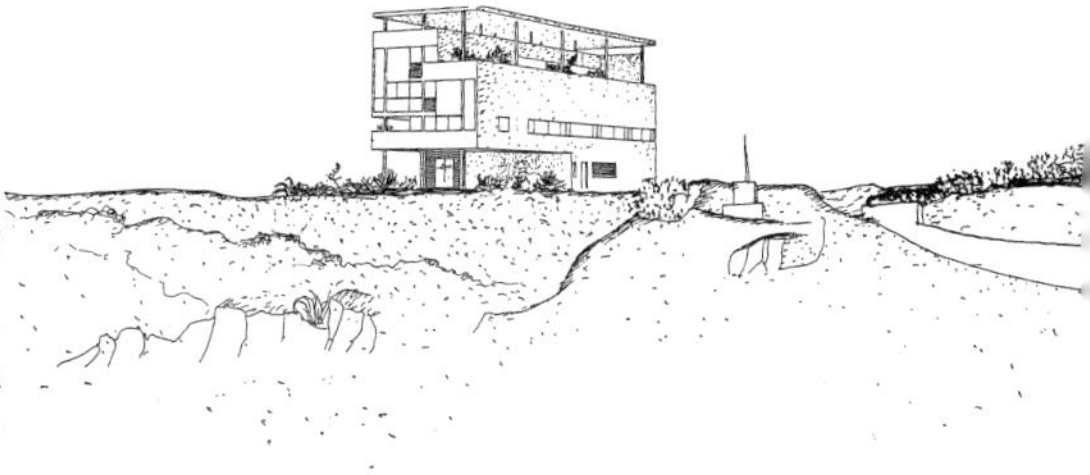

ベゾー邸初期案（1928）**断面**（上）と**外観**（右）「厂型」と「ピロッティ上の箱型」とが重なった姿だが、さらにアフリカの地で日陰をつくる「傘」のような「ㅠ型」が覆う。断面には「差し上げられた板」の効果が明瞭。白い箱型の最後期の作品に、白い箱型以前のポワレ邸の影が蘇る

ショーダン邸（1956）（右）インドの過酷な風土に対抗するように、直方体の輪郭内で傘が自立する

アーメダバド美術館（1956）（左）日陰をつくる必要のない閉鎖的箱型だが、板1枚が傘のように覆う。「ㅠ型」は単なる脇役という以上の意味を担っている。ここでも1910年代にポワレ邸で確認された形態感覚が、白い箱型を経て、後期の重い主役をも特徴づける

主役に組み込まれた「ㅠ型」 付加物ではなく、箱型輪郭の中で「ㅠ型」が表現された例も多い。直方体の完結効果が、内側から変質する徴候も「ㅠ型」であった

彼の一九二〇年代は、サヴォワ邸に至る、強力な直方体建築を求める過程だった。高度に完結する幾何学立体の「結晶的な美」が目指されていた。それほど大きくはない付加物は、その効果を損なうものではない。しかし直方体は、冂型を内に含むほどに、抽象的で均等な包み込みという効果から、ずれ出していく。その僅かなずれは、次第に重要になり、彼の作品を別の方向へと導いてもいく。一九三〇年代以降、主役は、結晶のような幾何学的完結体から大きく拡散し始める（116頁）。「均等に包む箱」の感覚が崩れ、彼なりの「箱の分解」が始まる。屋根や壁の存在感が様々に誇張され、箱は「部分の強い表情の組み合わせ」と化していく。その際に彼が好んだのが、風土を意識したような「日除け」という説明であった。傘のように孤立する屋根や、ブリーズ・ソレイユ面が、影を強調し、かつてとは異なる空間をつくっていく。白い箱の、上部がそのまま伸び上がるような感覚が、こうした想像力の変質を導く徴候のひとつだった。ショーダン邸（一九五六）では、最上部のスラブが伸び上がって日陰を生む。アーメダバド美術館（一九五六）では、直方体輪郭の中で板一枚が浮いている。付加物であり、かつ箱の輪郭を形成する面でもある。しかし本体は閉じた箱であり、日陰をつくる必要はない。あくまで表現的な意図だといえる。一九二〇年代に白い箱型の範囲内で見られた僅かな「個性の部分」が、一九五〇年代に誇張的に蘇ってくる。均質に包む直方体を拒否し、新たな強く独自な表現を求める際の具体的手掛かりが、一九二〇年代の作品の特徴の中の、さらにポワレ邸にまで起源を溯れる部分にあった。それはすなわち、白い箱型以前から持続し、一九二〇年代には白い箱型住宅を個性化していたものが、白い箱型を捨てた後の独自性をも方向づけたということを教えている。

❸ 形態としてのドミノ——裸形の構築原理／裸形の脇役セット——

ドミノ（一九一四）は、戦災地で、仮設住居を安価に大量供給する提案であった。柱と床だけを与え、住み手が身近にある瓦礫を積んで壁をつくる。結局はかなわなかったが、この案で特許を出願してもいる。構法の工夫が主眼だったことがわかる。実際、時を経るほどに、当初の意図以上に、後の近代様式全般にかかわる原理的予言という重要性を高めていく。一方で、具体的な姿を描き公表している以上は、彼が自作と認めた最低限の形態的存在でもある。ここまで極端に絞り込むには、無意識にせよ、形態として何を信頼すべきかがぎりぎりまで問われただろう。ドミノの図は、原理の図解としてではなく、ミニマムな表現物として検討されるべき意義ももっている。その点で、ほぼ同時期のポワレ邸や、二棟の屠畜場計画と無関係ではないはずである。

床は、小梁を上下から挟み込んで隠し、一枚の厚板とされている。このため全体は、純粋な「線と面の組み合わせ」に近い。柱が床板の端から後退して立つ点が、「自由な立面」等の新しい表現を可能にし、構法として決定的だった。しかしその技術的意義に加えて、視覚的効果も重要だろう。柱は、内側にあることで、最上部の板を「下から差し上げる」ような表情を強めているのである。同様な「最小限の骨組み表現」でも、ミースのファンズワース邸（一九五〇）では、柱が板を両側から「挟み込んで支える」姿であった。二つの作品は、床を「小梁を包み隠した板」と化している点では共通するが、床と柱を関係づける構成感覚が、それによる表現意図が、大きく違う。

最小限の構築体と見えるドミノの図には、階段が描き込まれている。住人が瓦礫で階段をつくるのは困難なので、あらかじめ用意しておく意図はわかる。しかしそれが単なる「構法の図解」という性格を超えた、最小限の形態的こだわりを感じさせもする。同様な量産住宅案でも、後のモノル（一九一九）等には平屋もある。より仮設的で緊急と安価を要するはずのドミノが、面倒で高くつく階段を含め、二層とされたのはなぜか。戦災復興用の簡易住宅という目的をはみ出した表現意図が、そこに感じられる。ファンズワース邸の階段が、あくまで「水平板の重なり」として全体の統一と足並みをそろえているのに対し、ドミノでは「斜めの板」として、異質な個性を対比させている。

ドミノの妻面は、純粋な形態としては、「二種類の伸び上がる表情の組み合わせ」に見えてくる。╤型と⟍型が重なる姿として、ボルドーの屠畜場（一九一七、112頁）と全く同じなのである。「屋根＋斜路」という「脇役セット」であり、「主役の到来を待つ個性的な枠取り」ともみなせたものが、ドミノの妻面でさらに裸になった姿で見出せるともいえる。ドミノの挿画は、特許認可を求めるような原理の図解の類からはみ出した意義を背負っている。後の展開から振り返れば、無意識であれ、彼の独自性を保証する原型的なものが最小限の裸形の萌芽として語られている。

「住宅の四つの型」（一九二九）の第三は、三枚の板が三列の柱で貫かれた型である。ドミノ的な骨組みが、新たな住宅のあり方のひとつとして読み直されている。この型は、数年後には「ブリーズ・ソレイユの起源」だと説明されもする。同じ型が問題意識の変化に沿ってさらにまた違う意味を与えられている。ドミノが、後の異なる時点で、別々に読み替えられえたことがわかる。それは、単に単純で、原理として予言的だったという以上に、彼の個性的な形態世界の最小限の集約だったからだ。

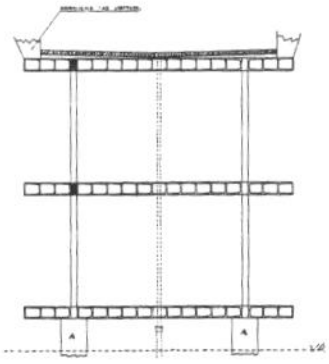

ドミノの断面　柱が内側に後退して立つのは、自由な立面を可能にする構法的工夫だが、同時に形態としては、特に最上階の床を、いかにも「下から差し上げた」表情に見せる点で「ㅠ型」を予告

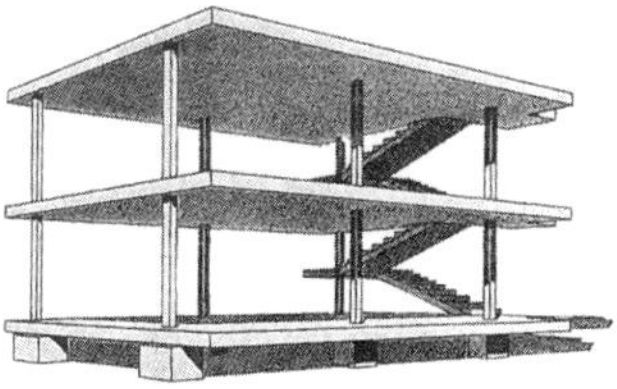

ドミノ（1914）　瓦礫を積んでつくる簡易住宅を、大量に供給するための骨組みの提案だが、2階建てとしたために、階段が必要となる。やや不自然だが、それによってこの最小限の構築物は、「ㅠ型」と「⧅型」とが複合された持続的なセットの起源となり得ている

ミース・ファン・デル・ローエ「ファンズワース邸」（1950）　小梁を上下から挟み込んで、床を1枚の板と化している点ではドミノと同じ。その板が、柱により両側から「挟まれ」たように支持されている点では異なる。そのために、ここには板を差し上げる効果はない。階段は「水平の段板の重なり」とされ、水平面が支配する全体の構成感覚と馴染んでいる。ドミノの階段は、斜めに上昇することを誇示し、全体の水平板が積層された効果と対比し合う

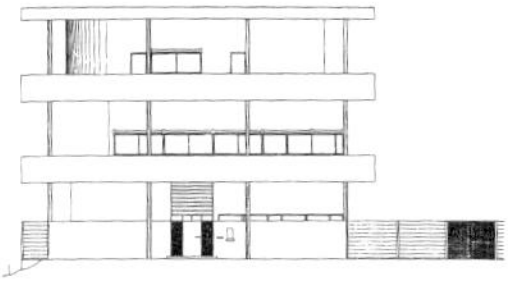

ベゾー邸（1929）

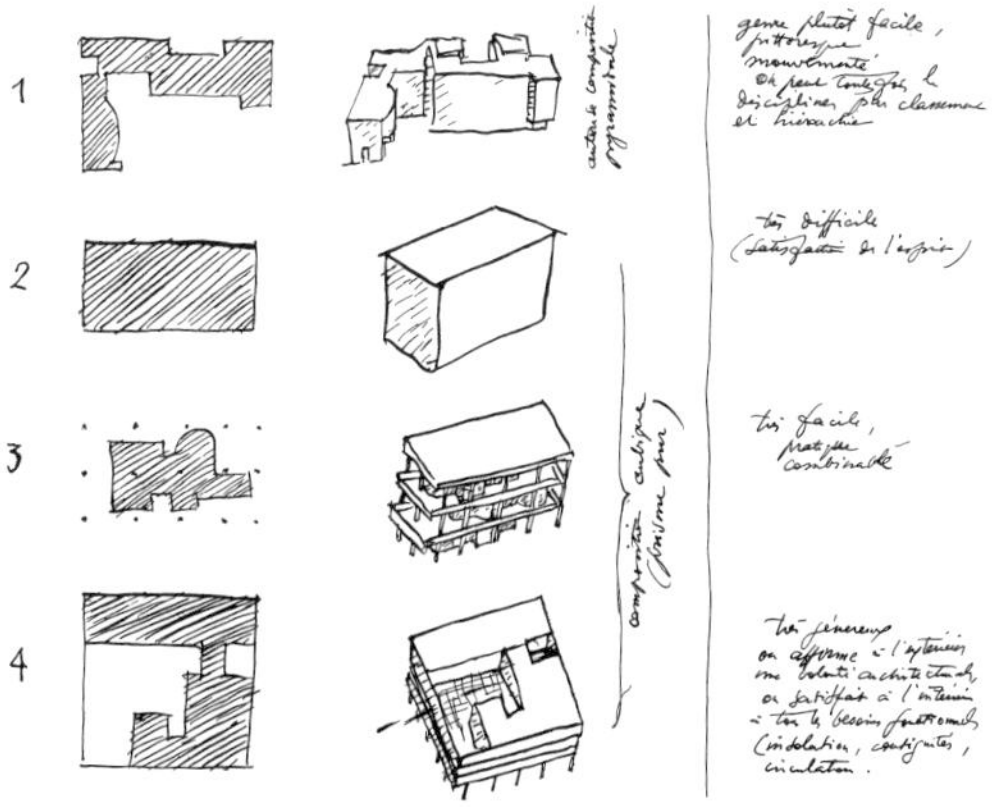

ベゾー邸（1929）は、「住宅の4つの型」（上）の「第3」に該当

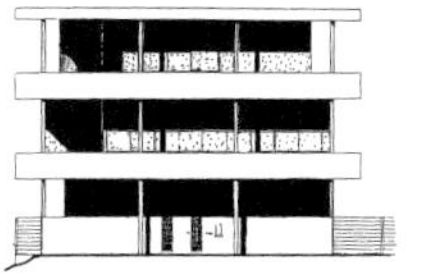

ベゾー邸をブリーズ・ソレイユの起源として読み直した際の図（1940年頃）。本来、裏方として隠されるはずの技術的工夫を集約したドミノの骨組みが、多様な読み替えを可能にするのは、一方で、「持続する最小限の形態的セット」という意味をも担っているからだ

形態としてのドミノ　特許取得をも目指した構法の提案だが、純粋に形態的には、「ㅠ型」と「⧅型」の組み合わせだとみなせる。主役の到来を待っている持続的な脇役たちの、最も早い芽生えが、ポワレ邸よりさらに以前に見出せることになる

緊急簡易住宅としては不自然ともいえる二階建てとすることで、「差し上げられた板」と「階段」とのセットとなりえていたからである。こうしてチャンディガール州庁舎（92頁）まで持続する脇役の⟍型と╥型も、「形態としてのドミノ」の読み替えの果てに位置づけうる。

最初期からあった、彼の「想像力の中の核」のような形態的こだわり。それが一九一〇年代なかばに、構造原理を通して語られてドミノになり、住宅として表現されてポワレ邸（121頁）になった。ドミノでは、その核が新時代の技術に沿って具体的に確認された。ポワレ邸では、ドミノの骨組み部分は「板を差し上げる」効果だけに純化され、ドミノの階段部分は「大地から伸び上がり空中で乗り出す」基壇となった。一個の建築作品たりうる表現として整えたのである。そこに幾何学的な純粋さも重なり始める。ポワレ邸では、ドミノの形態的な意義と、主役を直方体にするという方向性とが一体となりつつ、┣型という全体輪郭が確認された。ドミノでは、原理を集約していたが、ポワレ邸では視覚的効果のセットとして、表現の可能性だけがひき出されることにより、いわば「建築の姿」にかかわる最小限のこだわりが確認された。方向は違うが両者は兄弟なのである。

後から振り返れば、ドミノは、技術的工夫を集約しつつ、形態にかかわる最小限のこだわりを集約してもいた。「屋根＋斜路」という脇役セットは、リエージュ博フランス館→二棟の屠畜場→ポワレ邸と遡られ、ついにはドミノに到達する。遡るほどに主役は消え、脇役たちは裸になっていく。一九一〇年代には、それらだけが建築像を支配し、彼の個性の最小限のセットをつくる。一九二〇年代の革命的な主役の到来を暗示しつつ、同時に待ち望んでいる枠組みであり、未分化な予言だといえる。

結び 「輪郭の原型」と「脇役の原型」を支えるもの――グラット・シェル型から――

ペサック住宅地（一九二六）には、⊓型と⟍型の両方をもつ住戸が多い。二層のヴリナ型では、シトロアン（一九二〇）に似て⟍型が全階を貫くが（92頁）、三層のグラット・シェル型では、最上階の側壁だけに貼り付く。後者はより高層のため、見上げた際に効果的なように工夫されたのだろう。その壁上部の「孤立する階段」は「空中で身を乗り出す」ように見える。複数の住戸が建ち並ぶ家並は、多くの空中階段が重なって、全体として大きく街路に覆いかぶさるようである。それはチャンディガール高等法院（一九五三）を連想させもする。前面の外部空間に対し、乗り出しつつかぶさるような表情が似ているのである。彼は多くの都市的構想を提案したが、ある程度の実現を見たのはこれらチャンディガールとペサックだけである。二つの計画は、三〇年以上を隔て、一見した姿は全く違っている。しかし主たる外部を性格づける空間感覚の基本が共通している。

グラット・シェル型の一戸だけを見ると、直方体の中央で⊓型が「伸び上がり」、前上端で⟍型が「覆うように空中に乗り出す」。それはチャンディガール議事堂（一九六四、53頁）に似ている。基本は箱型で、中央では筒状の議会場が「伸び上がり」、前面では巨大庇が「覆いつつ空中で乗り出して」いた。約四〇年を隔て、全く異なる両者だが、「脇役の位置と表情」が似ている。本体の直方体に対し、何を付加し、どのような効果を重ねて見せるかという意図が共通するのである。

第一章で見た⊢型では、前面では「横長の箱」が空中に浮き、背後に「縦長の箱」が聳《そび》える。「前方での乗り出し」と「上への伸び上がり」とが対比されていた。その点ではグラット・シェル型と似てもいる。シトロアンIIでは、一体の箱型の「全体輪郭で表現」された対比が、四年後のグラット・シェル型では、付加される「脇役によって表現」される。「全体輪郭」と「脇役たち」とが同じ対比効果をつくる。シトロアンIIではほぼ輪郭だけが語る。グラット・シェル型では輪郭は単なる直方体でありつつ、脇役のみが語る。「原型的な輪郭」と「脇役を付加すること」とは、それによって与える効果や表情についての同じ意図を背景にもっているようだ。同じこだわりが、┣型や┏型を発想させ、╤型や▱型を発想させたらしい。

チャンディガール議事堂を印象的にしている二つの個性的な要素も、基本はこれらと似ている（53頁）。前面を特徴づける巨大庇のめくれ上がる形状は、肥大した雨樋だろう。しかし、覆いかぶさりつつ斜めに「空中で身を乗り出す」効果をもつ。中央の議事堂部分の、たわんだような稜線の筒型は、作者がインドで見た穀物庫の影響とされるが、「伸び上がる」表情に特徴がある。これら二つの要素は、晩年のコルビュジエによる、異様なほどに誇張された重く彫塑的な造形の好例である。彼が到達した個人様式の独自性がよくわかる。しかしその表現効果の基本は、一九二〇年代にまで遡りうる。シトロアンIIとグラット・シェル型とが共通にもつ対比感覚として、白い箱型の表現を個性化していたのと同じものが、その表現効果の骨格として透けて見えるのである。

一九五〇年代以降の彼は、いかにも想像力のおもむくまま、闊達な彫刻家のような自由な造形を謳歌して見せた。前例がないほどに個性的だが、しかしそれは、どんな形態でも生み出せる自在さでは

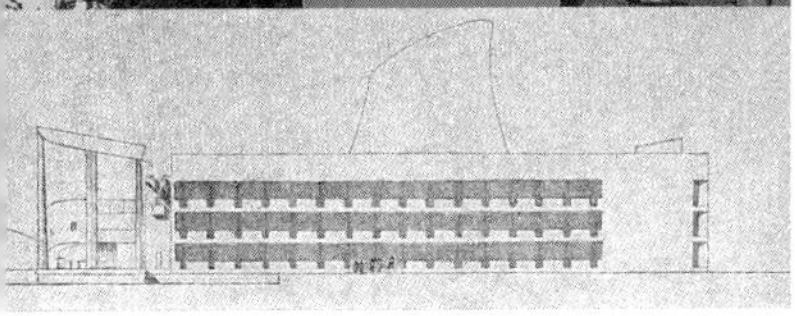

ペサックのグラット・シェル型（1926）**の反復**（上）　空中で乗り出す階段が重なって見える街並は、全体としては、街路に「覆いかぶさる」ような効果を示し、はるか後の**チャンディガール高等法院**（1953）（左）を予言している

グラット・シェル型（1926）**住戸の側面**（上）　箱型の中央で伸び上がりが、正面で空中での乗り出しが表現される点で、**チャンディガール議事堂**（初期案）の側面（下）とも似ている

シトロアンII（1922）　グラット・シェル型で、中央と端部の2種類の脇役が示唆していたのと同じ効果が、全体の輪郭に託されている。手段は異なるが、表情の基本が似ている。想像力の底で持続する形態的効果にかかわるこだわりが、個性的な輪郭を発想させたり、個性的な脇役を発想させたりする。様々に持続するものの共通の背景がわかってくる

コルビュジエ・センター（1966）　主役であるはずの展示部分は通常の箱型で、むしろ個性的な「∽型」屋根や、突出して自己主張する「⧹型」の方が枠取りとなって目立ち、全体の印象を支配する

マルセーユのユニテ（1952）**の柱**　大重量を持ち上げる筋肉のような緊張。こうした直接に身体感覚に訴えてくる表現は、後期に特有ともされる。しかし、初期から持続し、1920年代には白い箱型に託された根深い感覚が、後期には生のまま語られたのだとも思える

「輪郭の原型」と「脇役の原型」とを背後で支えるもの　持続する2種類の原型は、全く異なるようで、実は共通する想像力の特徴に支えられている

なかった。むしろ基本となる骨格を、みずから狭い範囲に限定した上での自由だったようだ。表現効果の基本を、ガイドラインのように指し示すものが、想像力の底で続いていた。それに載って、あのやや特異な彫塑的形態が決定された。長い間の持続と蓄積にもとづく、ある狭い範囲内で可能な最大幅の飛躍だったと思える。最初期から、そう大きくは変わっていないこだわりが、いかにも天才的な自在さを背後で支える。具体的には、「伸び上がり」と「乗り出し」という、存在感の基本的対比の感覚が、作品ごとの多彩な特徴の基本を支えているのがわかる。一九二〇年代には、白い箱型である┗型や┏型等の幾何学的な輪郭に託され、また直方体を主役にしつつ〒型や▱型という脇役に託されたもの。それが白い箱型という主役を捨てた後も続き、全く異なる一九五〇年代以降をも支えていく。同様な基本を、重く誇張的な表現で語ることが、彼の晩年の様式の基本だった。

コルビュジエ・センター（一九六六）では、本体部分より、屋根や斜路の方が、大きな身振りで印象を支配する。チャンディガール議事堂も本体の方が表情は弱い。一九二〇年代には主役の味付けに見えたもの、それを支えた個性的感覚が、むしろ主役を押え込んでいる。脇役の方が起源も古く、根深い独自性を保証し、より自由な飛翔を可能にする。ロンシャン教会堂に象徴される、晩年の個性的な自在さのあり方がわかる。ヴィンセント・スカーリーは、マルセーユのユニテの柱の「筋肉のような緊張」等、感情移入を誘う「擬人的」表現を後期の特徴とした。しかしその根は白い箱型を超えた以前にまで遡れる。最も初期からあった彼の個性の核の部分が、身体感覚として深く持続し、後期に、最も自由に、生な状態で、誇張的に語られたものだと理解されてくる。

第三章　伸び上がる世紀末——斜面に立つ樅《もみ》の木——

「輪郭の原型」と「脇役の原型」とは、ともに「伸び上がり、乗り出す」という独自な立ち方にともなう緊張を示唆して、建物全体の存在感を基礎づけていた。異なる表現の背後に、身体感覚としての、柔軟な創作契機の広がりがある。それが最初期から最晩年まで持続し、多産な発想と実り豊かな創作を保証していく。

(1)「実り多い重なり」と「立ち方の変換」——シュオブ邸の予言——

❶故郷の空白パネル——「回型」が予言する「卜型」と「匚型」——

二五歳の年のファーブル・ジャコ邸（一九一三、41頁）の前面では、大きく腕を広げたような円弧状部分が乗り出して特徴的である。その曲率は、施主がもつ車の回転半径で決定された。来訪者を受け止めるような低層部が、大地に沿った自動車の動きをなぞりつつ、本体との対比を際立たせている。この点で一九年後のサヴォワ邸と直接に重なる。一九一七年にパリに定住する前の、故郷での作品群は、いかにも革新性から遠く、発表しなかった理由もよくわかる。しかし前記のように、単に未熟なだけではない、予言的徴候も具体的に読み取れる。こうして、彼の創作の、多彩な変化によらず持続する相を捉えるための、最も早い手掛かりは、故郷にまで遡ることで見出せるとも思えてくる。

故郷での七作は全集には収録されなかったが、最後のシュオブ邸（一九一六）だけは、雑誌『エスプリ・ヌーヴォー』や著作『建築をめざして』に掲載された。以前から念願だった鉄筋コンクリート造による平坦な屋根が実現するなど、重要性が高い作品だったことがうかがえる。十字型平面（143頁）はライトの影響とされるが、むしろ中央の二層分の居間に諸室が面する点が、晩年まで続く「吹き抜けを核とした空間構成」の萌芽だとみなせる。より注目されるのは、街路側の高い位置にある「ロ型」に囲まれた無窓の壁面だろう。最初の一瞥で見る者の注意を引きつけるほどに大きく目立つ。しかしそれ自体は特徴に乏しい空白部分にすぎない。このため、長く見続けてはいられず、すぐに目を

シュオブ邸（1916）**街路側**　「ロの字型」に枠取られたパネル状の壁が掲げられている。この「2次元の完結型」は、3次元の「空中で完結する直方体」を予言しているとも理解できる。サヴォワ邸の主役の起源は、故郷の、古めかしい意匠の作品の中にも読み取れる

プラネクス邸（1927）（左）**とヴィラ型共同住宅**（1922）（右）　シュオブ邸の空白パネルは、2次元の範囲内での、いわば不完全な予言であるため、立体としての複数の解釈と展開を可能にする。空中の「突出」である「凸型」（左）も、空中の「窪み」である「凹型」（右）も、ともにこの同じ、「空白を掲げる姿」から進化したものだといえる。想像力の持続的な流れの具体的あり方がわかる

主役の流れの源泉　1920年代には、「凸型」と「凹型」という、主役にかかわる両極的な流れがあった。それはいかにもパリで最新の芸術動向に示唆されたものと見えるが、一方で、故郷での結論であるシュオブ邸の「空白パネル」という予言が、異なる形へと成長した結果だとも理解できる

そらせることとなる。それがマニエリスム的だと評されたりもした。しかしまず何より「二次元の完結効果」の表現だと理解するべきだろう。構築体である柱や梁で囲まれた壁部分ではなく、自由な線材が囲み取る「空中の矩形」が、高く掲げられた姿なのである。サヴォワ邸は、大地とは無縁に、空中で勝手に完結している直方体として重要であった。そんな革命の主役である「三次元での幾何学的完結」を、一枚の壁という二次元の範囲内で予言しているのが、この「空中の矩形」なのだとみなせる。であれば、一九二〇年代を特徴づける「主役の流れ」(14頁)の冒頭に位置づけることもできることになる。しかしここではサヴォワ邸の透明で均質な幾何学的な形態世界が暗示されているとはいい難い。重く古めかしい造形の中で、大地と無縁に「空中でみずから完結する」という効果だけが、「幾何学図形としての建築」という表現への接近を印象づけている。それが、はるか革命を方向づける「最初の飛躍」として、まず故郷で登場した。パリに出て、最新の芸術動向を肌で感じ、抽象形態や純粋立体を強く意識するより前に、故郷で、いわば「完結の感覚」だけが用意されたのである。

シュオブ邸の街路側で見上げられる「空白パネル」は、後の革命的な主役の、最も初期的な予言だとみなせた。しかし二次元の範囲内での不完全で未進化な予言であるために、三次元としての両極的な表現を示唆しえてもいる。空中の突出にも、空中の窪みにも読み替えることが可能となる。凸型と凹型のどちらにも成長しえる可能性をもっていたのである。そのことを、一九二〇年代に出揃った原型たちが教えてくれる。シトロアンII(49頁)は、「空白パネル」が現実の「突出部」へと進化した姿だといえる。ラ・ロッシュ・ジャンヌレ邸で最初に目にはいる画廊の壁は、突出部ではないが、「空中の空白壁」が湾曲して前方へと主張している点では、やはり進化したもののひとつだとみなせる。それと直角に接する、入口上部の「大ガラス面」は、「空白パネル」が透明になり、現実の空虚部分へとより近づいたものだ（73頁）。同じ親から生まれた兄弟が、並んで来訪者を迎える。さらに現実の空虚そのものともいうべき「窪み」となったのが、オザンファン邸（29頁）やヴィラ型共同住宅の〈型〉だろう。以上は一見して全く異なる特徴群であり、それゆえに各々が、白い箱型作品としての別々の魅力を生み出している。しかし全てが、訪れた者に対して「空白の矩形を掲げて見せる」という初期的な想像力のあり方に根差している。ある原型的な効果を、複数の異なる表現へと読み直したものだといえるのである。その意味で、空白パネルは、彼にとって実り多い原型だったとみなせる。

序章で見たように、一九二〇年代コルビュジエの「主役の流れ」は、「現実の箱」と「窪み部分」というふたつが並行して進行していた。それが独自な白い箱型作品群を生み、豊かな表情をつくる基本ともなっていた。しかしこの全く対照的な流れは、ともに「空中の直方体」を表現している点では同じ想像力の産物だと見えた（26頁）。ここでさらにそれが、故郷での結論の「読み替え」だとも理解できることがわかってきた。シュオブ邸で、いわば未分化な可能性のまま実現されていた「空中での完結の表現」が、パリで、最新の、実体と空虚の区別がないような芸術的想像力の世界を経て、多彩な建築表現の束へと進化していく。その流れの束が、サヴォワ邸に至って再度重なる。ここにも独自に狭く限定した範囲内での豊かな展開がある。同時に、全集への収録をはばかった作品が、後の個性的展開に向かう最初の飛躍、主役の流れの先祖という重要な意味をもっていたこともわかる。

❷「視線の硬直」と「視線の運動」――網膜的対比という構成感覚――

故郷でのコルビュジエは円弧を様々に使用した(41頁)。その結論もシュオブ邸にある。ここでは本体の箱型の両脇には、半円筒型の低い箱が貼り付いている。革命に至る「主役の流れ」の冒頭だといえる「空中の空白パネル」は、背後へと低く回り込むような円弧部分と対比されているのである。一方、サヴォワ邸の「空中の直方体」は、大きな半円筒型の上に載っていた。シュオブ邸がサヴォワ邸を予言しているのは、単に「空白パネル」をもつからだけではない。それが円筒と対比されて登場している点も似ている。見る者の視線を「硬直させる」ような主役の完結型に、視線を大地に沿って「流す」ような円弧部分を並置する点で、純粋な「目の対比効果」としても共通しているのである。

序章では、「半円筒型+直方体」という「セットとしての主役の流れ」を、サヴォワ邸→ペサック住宅地のジグザク型やケコス型→クック邸→オザンファン邸へと遡った(63頁)。その起源は、さらに故郷のシュオブ邸にまで求めうることがわかる。車の運動を反映する曲面が対比される点では、ファーブル・ジャコ邸と似ていた。それも含め、ここでも、いまだ故郷にいて、透明な幾何学的芸術世界を信頼する以前に、ある個性的な構成感覚の素朴な根というべきものが、漠たる対比感覚として用意されていた。視覚的効果のセットとして、いわば網膜的に先取りされていたと理解できるのである。こうしたややルーズな構成感覚の原型がまず先にあり、それが一九二〇年代に、最新芸術の純粋な図形的世界と重なり、サヴォワ邸に至る幾何学的様式を具体的にしていった。この点でも、ごく初期から続くものが、白い箱型様式を充実させ、進化を推進していったらしいとわかる。

もうひとつ注目されるのは、シュオブ邸の箱型部分が、両側に重々しい低層の円筒部分を従えていることの、また別の意味だろう。両側から挟み込まれた間で「空白パネル」を掲げるような姿なのである。彼の晩年まで続く構成的特徴のひとつに、S・モースが「ダンス型」と呼ぶものがある。両側を無窓壁で挟まれつつ、前後方向に形態ドラマが起きるもので、□型と表示してきた。組積壁が挟むシトロアン（一九二〇）に始まり、シュタイン邸（一九二七、87頁）で明確になり、スイス学生会館（一九三二）を経て、チャンディガール高等法院（一九五三）に結実していく。故郷での結論というべきシュオブ邸には、この後の□型の萌芽すらが読み取れる。

シュオブ邸の街路側には、最上階に至る三層分の階段が縦に貫いている。しかし、後のワイゼンホフ連続住宅（一九二七、59頁）やスイス学生会館（一九三二、197頁）とは異なり、階段室を塔状にして外に立てて強調することはしない。それどころか、立面には、内部で垂直に貫く様すら反映されていない。空中に孤立する「空白パネル」を掲げ、その背後で階段が上昇しているという構想なのである。想像力の中には、「空中の完結型」と「そこに向けて上昇する階段」というセットが思い描かれていたことがわかる。□型の萌芽がここに読み取れるだろう。後に主役の流れをつくる□型も□型も、ともに階段を付属させた□型をなしていた（36頁）。そんなセットの萌芽がここにある。サヴォワ邸も、外からは見難いとはいえ、「空中の直方体」に対し中央で斜路が伸び上がっている。想像力の中では、「空中の孤立」を、階段によって大地につなぎ止めているような□型が、基本にあったろう。

シュタイン邸（一九二七）やプラネクス邸（一九二七）は、白い箱型様式の成熟段階を示していた。

シュオブ邸（1916）側面（上） ヨーゼフ・ホフマン「アスト邸」（1911）（左）からの影響ともされる重い軒庇は、円筒部分を上から押し付けつつ、視線を、大地に沿って庭側へ回り込ませる運動へと導く。それは視線を硬直させる「空中で完結するパネル」とは対照的である。網膜的効果のセットというべき構成感覚の特徴として、すでにサヴォワ邸は予言されている

「視線の硬直」と「視線の運動」 サヴォワ邸に至る、「半円筒に直方体が載る構成」（63頁）は、幾何学立体の組み合わせでありつつ、同時に、「視線を硬直させる主役」と「視線を運動させる脇役」という、網膜的な効果の対比でもある。1920年代の「主役の流れ」は、この意味でも、故郷のシュオブ邸にまで遡りうる

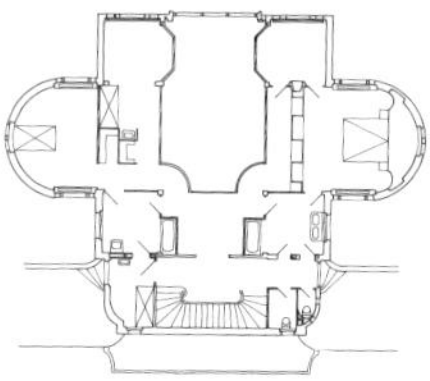

シュオブ邸正面と平面図　内部にある階段室の垂直の連続を立面に反映させず、「空白のパネル」を掲げる。内外を合わせて、「空中での完結」へ向けて階段が上昇しているイメージを暗示する。想像力の中で「ロ型」が生まれかけている

背後の階段　外観には見えぬが、空白パネルの背後には階段が登る。「ロ型」の起源もここにある

スイス学生会館（1932）（左）とチャンディガール高等法院（1953）（右）　いかにも自由に変貌したようでも、重要な原型が突然に発想されえたはずはない。両側を無窓の壁で挟み込むという、ほとんど無意識になしたような形態的整理の基本が、意図的な「匸型」へと成長していったのだろう

「匸型」の原型　両側から挟み込まれた間で前後方向のドラマが起きる、やはり晩年まで繰り返される構成感覚も、起源はシュオブ邸での形態的整理にまで遡れる

それまでに確認された個性的原型が重なり、直方体が豊かな表情を見せていた（82、86頁）。シュオブ邸には、それらの原型のうちの型と型の先祖があり、型の芽があり、加えて全体の構成感覚には型の起源も読み取れた。後に独自な成熟に至る個性的世界の、最も初期的な徴候が揃っていたのである。規模や予算に恵まれ、それまでの六棟の実践で得た様々な成果を集約しえる機会だったことは確かだろう。一九二〇年代を豊かに彩っていく特徴の起源がシュオブ邸にある。単に個別の原型としてだけではなく、複数の原型的可能性が重なり合って作品としての魅力をつくっている点でも予言的である。次項に見るように、立ち方の原型もある。ここから多様に枝分かれをし、新たな原型として確認され、それがまた複合されてもいく。一九二〇年代前半の住宅のいくつかは、ここでのこだわりを、白い箱型を通して確認したものだとみなせる（70頁）。

シュオブ邸で、ペレやルドゥーを思わせる旧来的な意匠に倣《なら》いつつなされた多くのことが、コルビュジエの個性の深いものを具体的に語っていた。この手探りと模索の時期に、様々な借り物を扱いつつも、「彼にとって必然的で、逃れえぬ奥深い感覚的こだわり」があらわれてしまう。「ここは無窓の壁で押え、ここは突出させてみよう」とかいう種類の、いわば形や空間のめりはりのつけ方、ほとんど無意識のような形態処理の感覚が、たとえば、型を示唆する結果になっていたりする。振り返ればそれが重要な予言とも見えてくる。故郷における彼なりの結論というべき作品の、一見した特徴より以上に、「形態的整理」のあり方にあらわれてしまうようなこだわりの部分が、実は重要な意味を含んでいたらしい。

❸ スフィンクスのように――多様な予言を統合する立ち方――

最初から確たる独自な表現世界をもつ者などいない。特に実作での確認が困難な建築ではそれが顕著だろう。偉大な個性も、些細な芽から育っていく。最初に意識されるのは、他人と僅かに異なるという程度の感覚的な偏りのようなものかも知れない。そんな微妙で不確かなものが、作品としての実現に向かう過程を繰り返す中で鍛えられ、具体的に強靱に育っていく。漠として未分化な個性的世界が、複数の芽として確認され、多彩な特徴たちの束となる。再度、一個の作品の中で整理・統合され、さらなる展開に向かう。彼は後に、自作を様々に再検討することの重要さを語り、「住宅の四つの型」を書いた（33頁）。それは自らの内なるものの可能性を、過去の成果の中に確認しつつ、持続的な特徴へとつないでいくための作業だといえる。こうした個性の成長と成熟の過程で、シュオブ邸はひとつの里程標だったろう。そしてここでは様々な特徴は独自な立ち方の中に統合されている。

街路側の外観では、掲げられた「空白パネル」の下で、塀の端部が曲線状の尖った形態をなす。下から「パネル」を「差し上げる」ようである。シュオブ邸の全体は「高低二つの箱型」が嚙み合う姿で、構造は当時の最先端というべき鉄筋コンクリート造だが、煉瓦で仕上げられ、古めかしく重々しい。その中で街路側の「高い箱」の部分の外観は、この塀の形状のせいもあって、いかにも「パネルを掲げる」にふさわしく「伸び上がる」ようである。一方、側面から背後に回り込む「低い箱」は対照的である。後に彼は、五原則とともに「軒庇の除去」を主張するが、ここでは段状をなす大きく重い軒庇が突出している。この誇張された軒庇は、「低い箱」を大地に密着させるような効果を生んでいる。重く圧縮力に満ちて大地を這うような表情を強調しているのである。対照的に「高い箱」の「空白パネル」の上にある軒庇は、ごく僅かな板状で、退化寸前に見える。

街路側の「高い箱」は伸び上がるように「パネル」を掲げ、両脇から庭側に回り込む「低い箱」は大地を押し付けるように根を降ろす。シュオブ邸の全体は、こうした対比が際立つ構成なのである。尻を大地に密着させ、顔を正面に突き出す、いわばスフィンクスのような姿勢が喚起されてくる。組積造に一般的な、一様に圧縮力に満ちた静的で不動の存在感ではなく、より自由で積極的な緊張がみなぎっている。地面にべったりと伏していた者が、身を起こし始める。背後で腰を降ろしつつも、立ち上がろうとする動的な、伸び上がる運動感をはらむ感覚は、直接にポワレ邸の基壇部分を思い出させる。ポワレ邸の基部に集約されていた「立ち方の変化」がここまで遡れるのである（121頁）。

シュオブ邸から六年後のシトロアンIIで最初のピロッティがあらわれる。ト型の一部として、内部に居間をもつ現実の箱が高く掲げられた。「空中で暮らす」というイメージが、突出効果とともに構想された。それは、背後で大地に根差しつつ、前面では空中で乗り出す点では、シュオブ邸の立ち方が誇張されて箱型に宿ったものだといえる。空中で孤立する「空白パネル」が、内部空間をもつ立体的存在へと成長した。同時に、立ち方の個性も前と後の性格の違いがより明瞭になる。それがここでト型に至る建築形態としての進化だったといえる。シトロアンIIの九年後にサヴォワ邸ができる。幾何学的完結が掲げられた点は同様だがト型ではない。しかし空中で乗り出すような感覚は全体を支配している（62頁）。同じ「立ち方の感覚」を保ちつつも、「空中での孤立」という効果を最も優位に示

シュオブ邸（1916）外観　掲げられたパネル部分の下では、塀の上端が突出し、街路側の立面に、伸び上がるような表情を加える。この高い箱が、背後の低い箱と対比されて全体を特徴づける

シュオブ邸アクソメ（下）　高い箱は、伸び上がるように主役を掲げ、低い箱は、重い軒庇によって地面に押しつけられる。背後を地面に定着させつつ、前面に顔を乗り出す、いわばスフィンクスのような立ち方の緊張がある

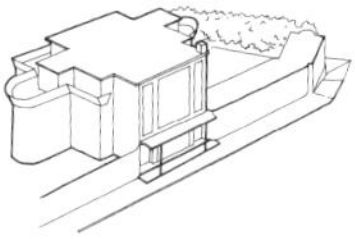

シトロアンII（1922）　背後では大地から直立し、前方では空中で水平に乗り出すという「⊏型」は、シュオブ邸の立ち方を、幾何学的性格に沿った一体の箱型によって、誇張的に再現したものだといえる

ストッツァー邸（1908）（左）とジャクメ邸（1908）（右）　ともに斜面に定着する石積みの重い基部の上に本体が載った、上下に積層された構成。それが故郷での結論であるシュオブ邸に至って、2つのかたまりがずれたように併置された姿となる。一見して古めかしい作品群の中で、構成感覚が変質していく

「立ち方」の予言　シュオブ邸には、「円筒＋直方体」「⊏型」「⊑型」「⊐型」「⊏型」等の重要な原型の先祖たちが重なる。それらは、大地に根差しつつ乗り出すような、独自な「立ち方」によって統合されている

しえたために極となりえた。シュオブ邸の「空白パネル」も、空中で孤立しつつ、同時に全体の独自な「立ち方」の中に位置づけられていた。二作品の共通性はここにもある。

以上には、形態的逆転に至る三段階の変化がたどれる。シュオブ邸で「立ち方の変化」として見出せる「白い箱型以前の萌芽」が、パリに出て、シトロアンIIで、「直方体の突出」という姿に成長する。それが「直方体の孤立」を強調したサヴォワ邸となる。シュオブ邸が、巨大な変化を促す最初の徴候だった。身体感覚と重ねれば、まず潜在的な動作の緊張が確認され、より誇張した姿勢に至り、その感覚を残したまま異なる効果を優位に見せる。こんな具体的過程だといえる。

故郷での最初の三作品は、基部の上に本体が載った「積層」型の構成であった。そこに基部と本体とがずれるような「併置」の感覚が重なって、シュオブ邸に至る。この住宅は、それまでの山岳地ではない、ずっと緩い斜面地の、平坦に造成した敷地に建つ。初めてそうした場所に計画し、敷地に立った際に足首から立ち上がる緊張が少なすぎて頼りなく、上半身が空中へと乗り出すような斜面での感覚を、意図的にこの建物に込めようと試みたのかもしれない。

故郷での一〇年ほどの間、際立った新しさのない作品が続く中で、実は様々な予言がなされていた。シュオブ邸に集約され、後になるほどに重要になる彼の個性的特徴の束は、「独自な立ち方」によって統合されている。そして輪郭や脇役の原型に宿って晩年まで続く「伸び上がる」ような立ち方の感覚は、ここから成長していったものだろう。彼の持続する独自性を遡ることは、最後に、こうした、故郷での予言の核ともいうべき「立ち方」が、何に促されて生まれたのかを見ていくことになる。

(2)「空白」と「樹木」——立ち方の起源——

❶「透明な直方体」を貫くもの——脇役としての自然のオブジェ——

エスプリ・ヌーヴォー館（一九二五）は、本体の直方体に円弧壁のジオラマ映写棟を併置し、シュオブ邸を思わせる。しかし全体に特徴が乏しく、他の白い箱型作品と比べて、形態が単純すぎるという印象を与える。□型や□型の輪郭は見出せず、⊓型や□型という脇役もなく、いつもの個性的で雄弁な複雑さに欠ける。唯一目立つのが大きな窪みである。オザンファン邸（一九二四、29頁）やシュタイン邸（一九二七、28頁）に似て、白い箱に透明な直方体が重なった□型の姿を示す。しかし、この二つの住宅とは違い□型をなしてはいない。主役としての個性が乏しいのである。一方で、窪みの内部天井を穿つ円孔が目をひく。白い箱にくり抜かれた直方体の上面が、さらに丸く貫かれている。全体の□型とともに、白い箱に対する、いわば「マイナス操作」だけが目立つ全体なのである。しかしその円孔から光を求めて伸び上がるような空間の性格などは感じ取れない。積極的に性格づけるプラス操作といえるような特徴が見出し難いのである。

多くの例で見たように、一九二〇年代の主役の直方体は、こうした凹型部分も含め、しばしば「伸び上がる表情」が示唆されていた。オザンファン邸（一九二四）やプラネクス邸（一九二七、77頁）には、屋上に工場のような、突出する採光窓があった。ペサック住宅地（一九二六）のヴリナ型やグラット・シェル型では、⊓型が載っていた。アーケード型では、空虚部分自体が、上へと膨らむ輪郭をもっていた（44頁）。エスプリ・ヌーヴォー館の「透明な直方体」には、そうした伸び上がる効果を与えるものがない。単純すぎるという印象は、主役としての、こうした見慣れた個性を感じさせないからだろう。脇役も、脇役的な効果もなく、ただポッカリと開いたままの姿にとどまり、上空や周囲と積極的にかかわろうとする表現がないのである。一九二五年のパリ装飾博覧会に出品された、会期中のみ短期に使用するパビリオンだという特殊事情のため、彼の作品としては例外的に、通常の個性的脇役等が省かれたのか。伸び上がったり、乗り出したりという、他の白い箱型に生き生きとした表情を与える工夫は必要ない、「ごく単純な箱のままでよし」とされたのだろうかとさえ思えてくる。

会期後に取り壊されたエスプリ・ヌーヴォー館は、一九八〇年、ボローニャ近郊に、ほぼ忠実に再建された。その竣工時の写真では、凹部の中央の樹本が著しく細く貧弱であった。この相違は、かつての一本の樹木が、付加物が少ない中で目を引き、重要な役割を果していたことに気づかせる。大地から生え、凹部を通過し、円孔から上空へ抜ける。建築形態に緊密に組み込まれつつ、成長する生命を誇示していた。ここでの「透明な直方体」も、「伸び上がるオブジェ」と重なる姿なのであった。

オザンファン邸やプラネクス邸の天窓は、内部のアトリエの、より明るくなろうとする欲求が、上へと光を求める形をとったようであった（77頁、99頁）。エスプリ・ヌーヴォー館の樹木も、内から天井を突き抜け、上空を目指す。伸び上がるだけでなく、枝を張り、周囲に乗り出してもいる。樹木と、〒型や天窓が、「内から上空へと伸び上がる」という意味では、同等な存在だとわかる。白い箱型にこうした個性を与えたいとする構想の基本は同じで、表現だけが異なっている。確かに、必要だった

エスプリ・ヌーヴォー館（1925） 博覧会で短期に使用されるためか、彼の白い箱型作品としては単純すぎる。付加物が少なく、凹部や、その天井の丸孔などのマイナス操作が目立つ。巨大な「透明な直方体」も、脇役がないために希薄な印象で、積極的な主張がなく、ただぽっかりと空いた窪みのようで弱い。しかし、大きく貫き、屋上からさらに伸び上がる樹木が、脇役たちと同じ効果を主張する

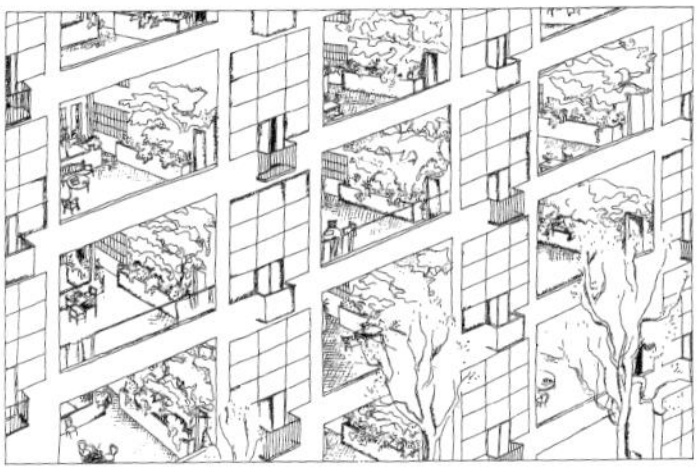

ヴィラ型共同住宅（1922） エスプリ・ヌーヴォー館は、空中で完結しているはずの住戸の1単位を取り出し、地面の上に置いたものだ。その際に、彼が満足できる1個の作品と化すためになされた、ほとんど唯一の作為が、大地に立ち、上空へと伸び上がる巨大な樹木を、緊密に組み込んで見せることだったのだと理解できる。主役の直方体に伸び上がるような表情を重ねて示す点で、それは「⛩型」や「⟍型」を生んだ想像力の特徴が樹木に託されたのだと思える

透明な直方体を貫く樹木 「輪郭の原型」や「脇役の原型」を背後で支えたものは、存在感の深みに根差し、ときには通常の建築表現からはみ出して、1本の樹木にも託しうるような立ち方の感覚だったらしい

のは、脇役そのものではなく、それが主役に与える効果だった。いつもは脇役に託される意図が、幹や枝の成長力に重ねられている。具体的方法は異なるものの、背後にあるものは共通している。ここでも手段を超えた想像力の連続する相が支えている。

この作品は、一街区を占める中層のヴィラ型共同住宅（一九二二）の一部である。六層の高さに積まれるよう計画された中の一住戸分だけを取り出し、博覧会に出品したものである。「この展示館は、ヴィラ型共同住宅の一住戸〈細胞〉として、あたかも地上一五メートルにあるかのごとくに完全につくり上げる」（全集第一巻）と解説されている。であれば樹木は不自然だろう。しかし、地上に降ろされ、自立した一作品として大地と直接に関係し合う際に、空中で反復されている場合とは違う、ある種の修正が必要だった。現実に立つ彼の作品としての個性的存在感、形態的緊張の基本を確保する「立ち方」の性格は、一本の樹木でも実現できたのである。個々の創作の場面で、想像力の底から具体的形態の発想を促す、深い契機を捉えようとするなら、こうした異なる表現が示す共通の効果が注目される。現実に目に映る形態以前の、深い層での持続。白い箱型を扱いつつ、幾何学以前の、しかし多産な想像力の層から発想されたものがそこにあらわれる。

エスプリ・ヌーヴォー館では、マイナス操作とも見える特徴が目立った。それは、意図的に、建築形態自体を、単純すぎて欠落感のあるものとしたかったためだろう。それによって樹木は目立ち、無意識のうちにも、不可欠な要素という印象を与えうる。さらに、自然のオブジェがもつ生々しい強さが、このやや物足りないような形態の印象と補い合っているともいえる。

❷伸び上がって支えるもの——樹木としての構築体——

ライトは「柱梁構造からの解放」ということを日常語っていたという（天野太郎『FLライト1』美術出版社）。ジョンソンワックス本社（一九三九）の構造は、「ちょうど一本の樹木の幹のように立ち（中略）四方に枝を伸ばすように」（谷川正巳『フランク・ロイド・ライト』鹿島出版会）支えている。こうした構造の考え方の最初がナショナル生命保険会社の摩天楼計画（一九二四）で、より明快に改良されたのがニューヨークの塔状アパート計画（一九二九）であった。そこでは中央の幹は、エレベーターや配管等の様々な設備を含みつつ、唯一の垂直構造材として荷重を引き受けてもいる。「ライトはコンクリートとガラスでできた樹木を自分の思い通り設計した」（P・ブレイク『現代建築の巨匠』彰国社）とされる。ライトの師L・サリヴァンによる事務所ビルでは外周部に見せかけの柱まで交えて並べて、垂直部材の密集を表現していた。表面には植物装飾も施され、外側だけの効果で世紀末的な伸び上がる立ち方を見せかけていた（174頁）。ライトは、見せかけでなく、現実に植物のような立ち方を構想した。実現例に、ジョンソンワックス本社の高層棟（一九五〇）がある。中央に集約された幹のような柱から、枝のように床板が広がっていた。全体は半透明な立体であり、その芯を樹木的な柱が貫く。こうした想像力の基本は、そのままエスプリ・ヌーヴォー館（151頁）とも重なる。主役は、内部を伸び上がる生命力をもつ物体により生かされているのである。

八歳年長のコルビュジエを、強く意識していたといわれるバックミンスター・フラーは、一九二九年からいくつかのダイマクション・ハウスを発表し始める。中央のたった一本の柱の頂部から、ワイヤーで全体が吊られるという構造が、基本を決定している。ほぼ同様な構法が、事務所ビル等も含む一連の計画に適用されていくのである。当時の新聞では「彼は樹木のように家屋を設計する」と評されていた（フラー展二〇〇一図録）。同じ方式で、4Dタワーと呼ばれる高層ビルも多数計画されている。この方が細長いため、より樹木に似ている。こうした支持方法には、六角形や円形の平面がふさわしく、それが全体を、より樹木に近づけてもいる。しかし何よりも、柱が奥へと最大限に後退し、芯から外へと支持するという構想が、直接に樹木と重なる。ドミノや五原則に象徴されるこの時期の構築的な革新の極が、結局は樹木のような姿となる。それが最も誇張的に示された例だとみなせる。戦後になり、主に事務所ビル計画で、中央の柱の頂部から、全ての荷重を吊るという構法の作品が、日本も含め、多く生み出された。近代建築の構造的な想像力の変革の、ほとんど必然的な到達点が、樹木的な輪郭をなぞるようになることを語っている。

　以上の例は、一九二〇年代の、構造と形態にかかわる想像力に、樹木のイメージが重なっていたことを語っている。単なる物体である柱や梁の組み合わせにすぎない構築体も、大地から立ち上がる自然の成長と重ねて思い描かれることで、みずからの内なる力によって形をとるような積極的存在とも実感されえるだろう。こうして、最新技術の産物にも感情移入ができ、想像力の深い層とも呼応し、実り多い発想が可能となる。構築体と樹木と作者の身体とは、基本にある「立ち方」の感覚によって、ある同じ存在感の緊張を共有できるのである。

　ペサック住宅地のヴリナ型（一九二六）では、L型が付く側のみ、屋上のΠ型の柱が、内側に後退

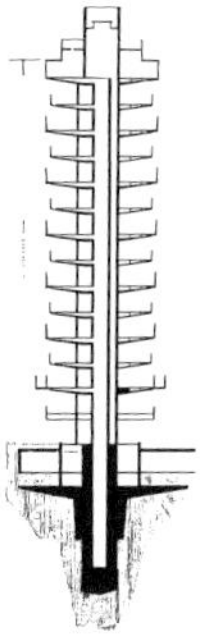

フランク・ロイド・ライト「ジョンソンワックス本社」(1939) 内部（右）と同タワー（1950）断面図（左）　内部を特徴づけるのは、自立した木のような構造体の林立である。タワー部分も、「樹木に似せて構築された建築」と解説されるほどに、幹が枝を張るような構造的発想

F.L.ライト「ナショナル生命保険会社の摩天楼計画」(1924)（左）・「ニューヨーク塔状アパート計画」(1929)（中）・L.サリヴァン「ウェインライト・ビル」(1891)（右）　高層建物を樹木と重ねて構想。師サリヴァンが、外周に、垂直材を密集させた(右)のとは正反対の、内から外へと乗り出すような立ち方の感覚が支配

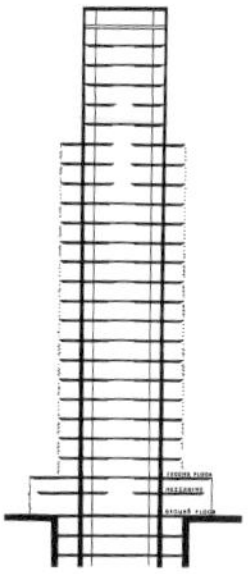

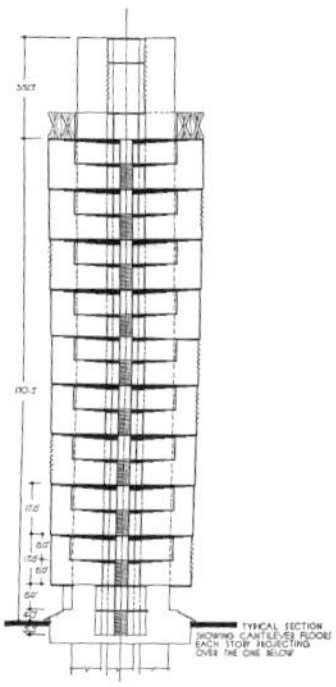

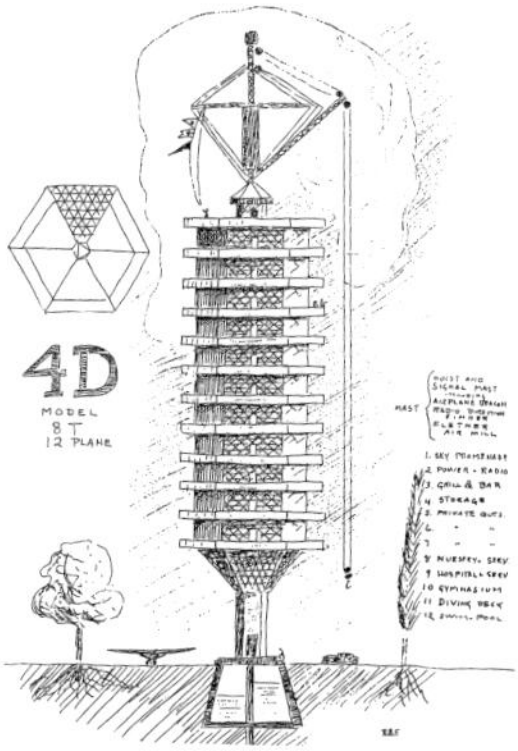

バックミンスター・フラー「ダイマクション・ハウス」(1929) と「4Dタワー」　コルビュジエを強く意識していたとされ、「樹木のように家屋を設計する」と評されたフラーの計画は、より直接に樹木を連想させる

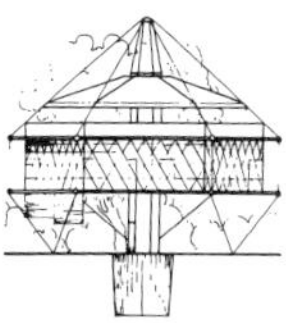

ペサックのヴリナ型（1926）　白い箱型に「付加された脇役」あるいは「本体を枠取るもの」と見えた「⊓型」や「⌐型」はむしろ、樹木のように「内から支える」ものが、一部を外にはみ出させた姿だとも理解されてくる。その点で、いかにも新時代の到来を表現しているような主役の幾何学立体より重要な意味を担っているともいえる。持続するものは内部に根差し、部分的に外にあらわれている

樹木としての構造体　1920年代以来、中央に集約した柱へと荷重を集めて支持するという、樹木のような構造体がしばしば構想され、戦後日本にまで続いていく。構造的な想像力に植物の生命が重なった流れだといえる

して立っている。⊓型が、「外から付加された」というより、「内側を貫く存在」の頂部だとより強く感じられる処理である。直方体の外観を内側で支えているものが、伸び上がって屋上に姿をあらわしている。それを特に、⟍型と対比させうる側で強調していることがわかる。彼が意図した、⊓型の性格づけと、構築体が生命をもっているという感覚とがうかがえる。こうして、エスプリ・ヌーヴォー館の凹部の樹木が、直方体の「内側を貫いて伸び上がり、頂部で開くオブジェ」として、ヴリナ型の⊓型とも重なってくる。

　ドミノは柱が内側に立つことで、「伸び上がって床を、乗り出して壁を支える」ということの最低限の表現となっていた。構築体は、単に外皮を支えるだけの裏方としてではなく、生命をもって内を貫く植物のように、生き生きと積極的にイメージされていた。さらに本体を抑えて成長しうる存在だとも主張する。⊓型はそうした内なるドミノ的なものの一部が伸び上がって屋上にはみ出した姿であり、⟍型は、側面にはみ出したものだとも理解できる。構築体と脇役とが、同じ想像力を共有している。箱型の方が、それらの単なる衣服に過ぎず、容易に着せ替えうる（130頁）。脇役たちの方が長い生命をもって持続しているのは、それらが、単なる付加物ではないからだ。「立ち方」の想像力を基礎づけ、幾何学立体を現実の大地に位置づけるという重要な役割を担っているものの一部がはみ出した姿だからなのである。ドミノは、樹木的な存在感をもち、構造体であり、脇役と、脇役が示唆する立ち方の起源でもある。コルビュジエの想像力の深い層に、「成長しうる積極的なもの」である樹木のような存在感の核があり、それが創作の持続的なものを受け止めえていたようだ。

❸幾何学的かつ植物的——出発点の形態的問題——

コルビュジエは晩年に、処女作のファレ邸（一九〇七）を振り返り、周囲からの忠告に逆らって角にふたつの窓を設けたと語る（全集第八巻）。土着の山荘に近い姿だが、その窓が開放的な印象をつくっている。一〇歳代ですでに、旧来の建築の「重苦しく閉ざし込むような効果」から少しでも逃れ出ようと試みていたことがわかる。シュオブ邸を経てシトロアンで明瞭になる「吹き抜けを核とした空間構成」も芽生えている。しかし何より細部が興味深い。師でありこの仕事の紹介者でもあるC・レプラトニエは、地域に根差した装飾様式を目指した。実際、植物を観察し単純化したような様々な細部が目立つ。装飾は他の学生がかかわったともいわれる。しかし彼自身が遺した、土着の植物を幾何学的に簡略化したようなスケッチは、ファレ邸の装飾に近い。少なくともこの住宅の植物的な細部意匠は、彼が、形態をどのように扱う世界から出発したのかを教えてくれる。

「窓桟」は直接に樹木を思わせる。窓の中央を、幹のように貫き、左右に枝分かれする。単純で幾何学的だが、「細い線材の伸び上がり」を示す。直線に還元された成長の生命力が、開口部という空虚部分を通過する。窓ガラスの「透明な矩形」の中を、植物的な存在感のエッセンスを語るように上昇する姿は、そのまま「透明な直方体」を樹木が貫くエスプリ・ヌーヴォー館（151頁）とも重なってくる。現実の表現としては異なるが、基本となる組み合わせの感覚は続いているだろう。

持ち送りは、立方体を組み合わせたような段状である。バルコニーの手摺は、樹木を簡略化したような三角形を示す。セセッションの影響とも、アール・デコの先駆ともされている。これらの装飾的

ファレ邸（1907） スイスの山岳地に多い、伝統的な山荘形式が基本で、新味や個性は乏しいが、手摺などの装飾的な細部には、アール・デコを予言するような、独自な幾何学的形態が見出せる

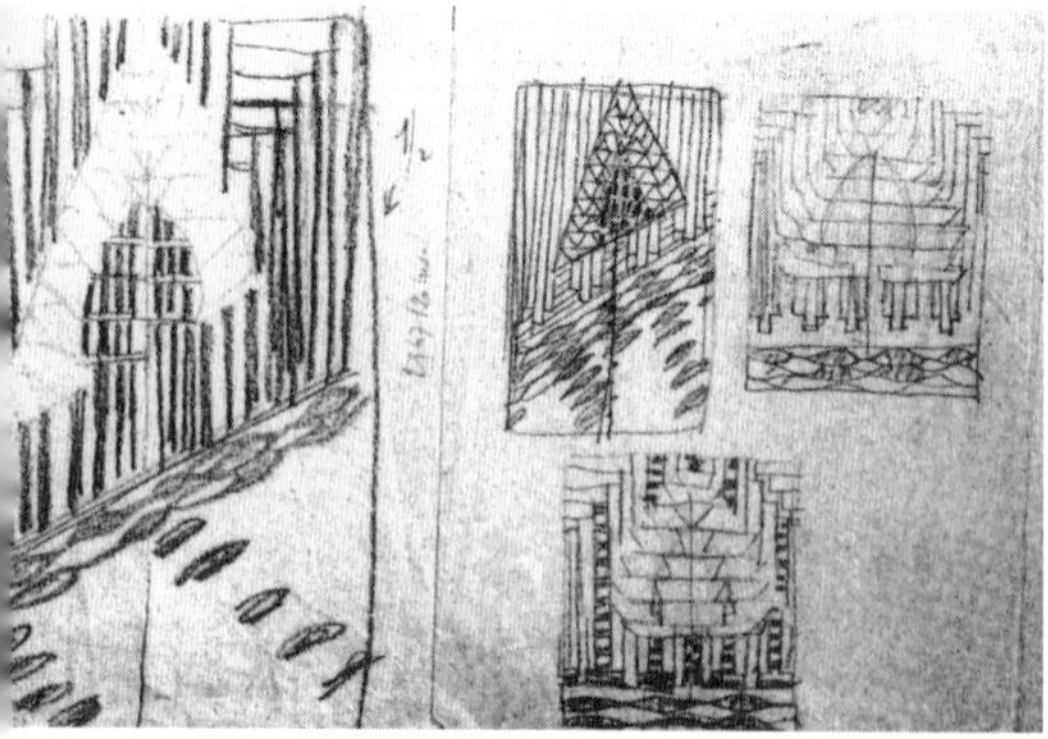

スケッチ 彼が残した、植物を簡略化したような描画は、ファレ邸の細部を直接に想起させる

ファレ邸の幾何学的植物形態 この処女作の細部には、彼の級友たちによるものもあるとされるが、「伸び上がる窓桟」をはじめ、植物を幾何学的に単純化したような表現が多く、彼の出発点での形態的問題のあり方を具体的に証言している

持ち送り　幾何学立体が、上部ほどせり出す形状は、セセッションからの影響ともされる。同時にそれは、ほぼ同時期のギマールの事務所ビル（169 頁）の姿などとも共通する感覚を語っている

バルコニーの手摺　樹木の姿を三角形の輪郭に重ね、幾何学と植物との融合が図られている

窓桟　「最小限の幾何学に託された樹木」のような窓桟。伸び上がる幹と、張り出す枝のように、窓の空虚な矩形部分の中央に立つ。それはエスプリ・ヌーヴォー館（151 頁）を思い出させる

壁面に浮き彫り的に施された装飾模様　この地の斜面に多く育成する樅の木の姿が、幾何学的なギザギザ模様に託されたモティーフ

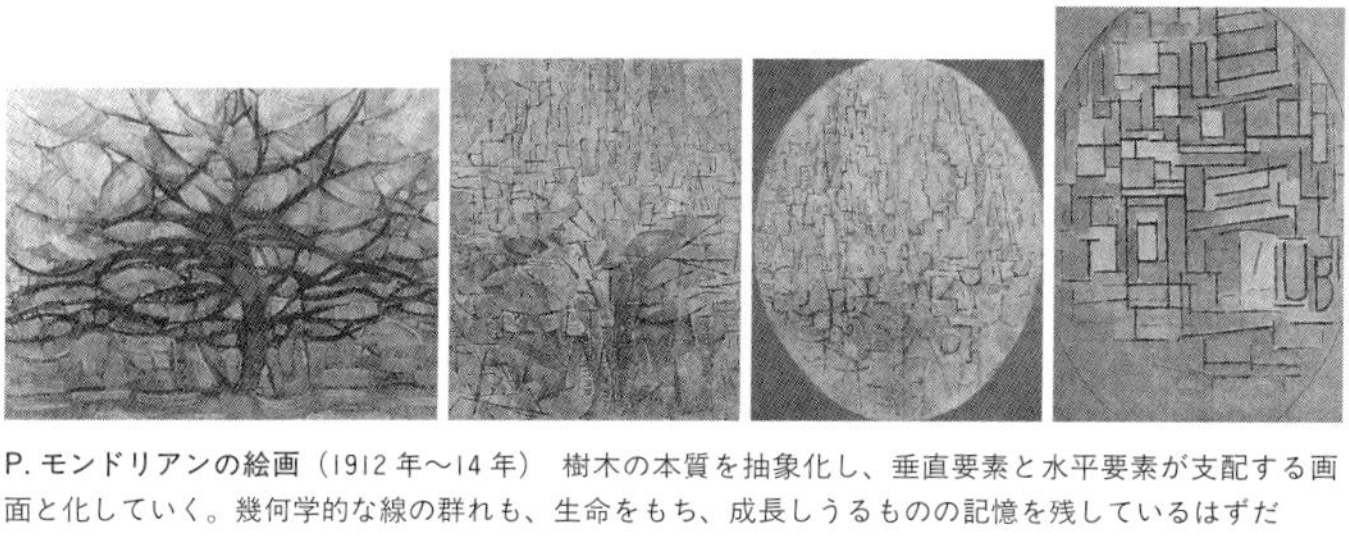

P. モンドリアンの絵画（1912 年〜14 年）　樹木の本質を抽象化し、垂直要素と水平要素が支配する画面と化していく。幾何学的な線の群れも、生命をもち、成長しうるものの記憶を残しているはずだ

細部は、前記の窓桟ほどは簡略化されず、もとの樹木の姿をより多く残しており、身近な自然観察から何を引き出し、形態的にどう整理したかがよりよくわかる。この住宅に、単なる土着様式の作品という以上の個性を与えているのは、何より壁面装飾である。ギザギザ型がつくる樹木モティーフが、特殊な方法で浮き彫りにされている。付近の斜面地の樅《もみ》の木を、幾何学的にした図柄に見える。頂部がはらんでつぼまる上昇感覚が特徴的で、自然と幾何学が、ゴシックの尖頭アーチとも似た、一種の建築的連想を介して統合されたようだといえる。これに似た彼の素描も遺され、最初期の形態的問題のありかがわかる。近代建築へと向かう大きな転換期に、スイス山間にあって、独自な創作を目指す努力は、まず身近に繁茂する自然と向き合い、幾何学と折り合わせつつ単純化することから始まった。さらに植物の姿を図形的に読み直すことが、彼なりの形態世界を築く第一歩だったともいえる。
「(風景画家のように外側を真似るのではなく)自然の中での原因や形態や生命力の発展を詳しく調べ、装飾を創造する場合に、その総合体をつくりなさい」(C・ジェンクス『ル・コルビュジエ』佐々木宏訳、鹿島出版会)と師C・レプラトニエは語ったという。樹木の姿に生命を読み取り、装飾の図柄にも、それを宿らせることが目指されたことが想像されてくる。

彼は一九二〇年代から本格的に純粋立体を扱うが、幾何学的な形態世界を信頼し切っていたわけではない。直方体にしても、単純に無性格な存在感のない図形としてイメージされていたわけではなさそうだ。それ以前に、直角にも一本の直線にも生命が宿るような、自然と向き合った想像力の世界から出発している。幾何学図形が植物の立ち方や成長感覚の単純化と折り合う地点が、彼の最初の創作的緊張を保証していたはずだ。それが├型や┌型を生んだ直接の背景だろう。

一九一二～一四年頃のピエト・モンドリアンに、樹木を徐々に単純化していく連作がある。彼の抽象絵画を支配する垂直線と水平線も、幹の伸び上がりと、枝の張り出しの単純化の果てだと見えてくる。一見して硬直した図形であっても、自然の生命感が深く実感されつつ扱われていたのだろう。

故郷での結論のシュオブ邸には「立ち方の変換」があった（145頁）。大地に密着する不動の姿から、伸び上がり、主役を高く掲げる、対角線方向の動きをはらむ構成感覚となった。重力を受け入れ、地面に伝えるだけの受け身の静的な姿勢から、より能動的で積極的なものとなる。その、斜めに緊張が走り、上半身が空中へと乗り出すような感覚は、急斜面地では日常的だったろう。足下の地面が傾き、不安定であるほどに、そんな立ち方が、より深く重要なものとして記憶されたはずだ。こうして、後の展開を支配する持続的なもの、それを支える立ち方の緊張を遡った果てに、故郷の斜面が見えて来る。斜面の記憶はまず足首に宿り、全身に走る緊張を示唆する（108頁）。同時に、この独自な姿勢の感覚は、傾斜地に育成する樅の木が喚起しているものでもある。斜面の樅の木を見るだけでも容易によみがえってくるような立ち方の感覚が、幼い頃から体に刻み込まれ、後の創作を支える最も深い層となっていく。多感な時期に植物観察とともに実感し、処女作の細部に託した「伸び上がり、乗り出す」生命感は、実り多い創作的緊張へと成長し、一九二〇年代には箱型に託され、生き残る「脇役」や「輪郭」となっていく。彼が生涯持続した豊かな発想を支えたものは、故郷での「多産な身体的緊張」というべきものに端を発し、それが強靱に育ち、展開されたものだったらしい。

(3) 世紀末が遺したもの――生命力の持続――

❶ 硬直した樹木Ⅰ――成長をはらむ立ち方――

一九二〇年代にコルビュジエが主役に据えた直方体には、様々に「伸び上がる」表情が重ねられていた。同様な効果が喚起できるなら、樹木でもよい。それは同時に、彼のそうした想像力の源泉が、樹木のイメージと重なりうることをも示唆している。こうして「伸び上がる輪郭や脇役」は、スイスの傾斜地を経て、彼の想像力を育んだもうひとつの背景である一九世紀末にまで遡られていく。

ジェフリー・ベイカーはファレ邸の外観に「樹木のような輪郭」を読み取る。石積みの基部で大地に確かに密着し、その上でいったんくびれ、屋根部分で大きく開く。足下で根を張り、中間部で幹のように伸び上がり、枝を張るように広がる、植物を思わせる輪郭が、南立面に重なって見えるという。周囲の忠告に逆らって設けたという隅部の窓も、幹の部分のくびれを強調するためだったと思えてくる。ベイカーは西の入口側にも、小型の同様な輪郭を見出す。窓桟や壁面装飾という細部だけでなく、この住宅全体にも、植物の存在感を幾何学へと単純化したような効果があり、こだわりの深さがわかる。

師ペーター・ベーレンスが、同じ頃ベルリンに完成したAEGタービン工場（一九一〇）の妻側にも、類似の効果が読み取れる。重量感に満ちた古典的な正面に、「太い幹が直立し、上空で枝を張る」ような輪郭が浮き上がっている。両側を重い柱型に挟み込まれた不動の神殿型に、重力に抗する成長の姿が重なる。V・スカーリーはこのガラス面に「上から吊られたような緊張」を感じ取っている。

確かに、少なくともこの幹に相当する部分は、圧縮力からは逃れたような印象を与える。これら師弟の試みが共通するのは、基本は「重い屋根を戴く伝統的立面形」に拠りつつ、そこに重ねて樹木的な輪郭を喚起していることだ。使い慣れた正面形を、「伸び上がる」形へと読み替えて見せる。旧来の伝統的な建築像の基本である堂々たる三層構成も、圧縮力を希薄にすると、伸び上がる樹木型へと換骨奪胎しうる。そこに、世紀末的な感覚を持続させていくためのひとつの発見があったろう。

彼が故郷で受けた教育は、世紀末芸術の影響下にあった。最初の重要な師C・レプラトニエは、パリやウィーンで学び、自然観察を重視し、新たな土着の装飾様式を目指していた。後の師P・ベーレンスも、当初は画家として世紀末に出発した。世紀末建築では、表面の植物装飾が目を心地よく滑らせ、背後の重い壁本体の存在を忘れさせた。旧来の建築が基本としていた圧縮力や不動性から逃れ出たような印象が、同時に過去の様式への執着を断ち切らせたともいえる。一方でヴィオレ・ル・デュクが描いた、著しく細い鉄の構造体が注目されもした。圧縮力を感じさせない細さにより、植物の幹や茎を連想させただろう。そんな目の驚きは、自ら伸び上がり、成長するような新たな緊張ともつながり、新素材と植物とが想像力の中で交差する。世紀末には、単に装飾が目を喜ばせるだけでなく、より深く身体感覚として、重力から逃れる成長力にも似た心地よい緊張が呼び覚まされたはずだ。植物への偏愛は、生命に満ちた存在感を実感することと不可分だったろう。当時の、新たな形態世界を目指す気分は、圧縮力と不動性に満ちた表情を拒否する「伸び上がるような緊張感」と重なって、実際の多様な表現を支えた。単に「軽やか」という以上の「重量感から逃れ出る積極的感覚」が、世紀

ファレ邸（1907）正面と、正面と側面に浮き立つ樹木の輪郭（G.ベイカーによる図） 若きコルビュジエが、周囲の忠告を無視して付けた隅部の窓は、正面の姿を、あたかも樹木のように見せるのにも役立っている。旧来的な正面の意匠が、樹木のイメージを手掛かりに、新たな緊張をはらむものへと読み直されている

ストッツァー邸（1908）立面（左）とファレ邸（1907）の壁面装飾（右） 当初予定していた壁面装飾を実現しなかった前者は、腰折れ屋根のはらんだ輪郭、上部壁の三角小窓、中央底部の階段などが、後者の装飾模様と直接に対応。立面全体が、装飾モティーフをそのまま拡大したように樹木的なのである。彼の自在な発想法と、単なる図柄と見えるものにさえ、建築形態の基本とかかわる問題が託されていたことがわかる。「立ち方」を介して想像力の飛躍が可能になる

硬直した樹木Ⅰ 屋根型を戴き、大地を押し付ける基部をもつ、伝統的な3層構成をなす正面形も、樹木の輪郭と重ねて構想されうる。世紀末の想像力が、こうしたところにも遺されている

ペーター・ベーレンス「AEGタービン工場」（1910）　ギリシャ神殿のような重厚な正面に、「伸び上がり、枝を張る」という、茸か樹木のような成長力をはらむ輪郭を浮き立たせている

エクトル・ギマール「エコール・ド・サクレクール」（1895）（左）　ヴィオレ・ル・デュクの影響を受けた世紀末建築は、幹や枝のように、圧縮力から逃れ、みずから積極的な姿勢をとって支える細い線材の緊張みなぎる姿を好んだ

P.ベーレンス「自邸」（1901）　画家として出発した後、最初の建築作品は、伝統的な姿の中に世紀末の影響を示す

末の想像力を「深い層」から基礎づけ、植物形態を扱わせたようだ。

ファレ邸もAEGタービン工場も、花模様が飽きられ、世紀末芸術が衰退していく時期の作である。流行が去ったからといって、急に全てが変われるものではない。過去の様式から離れ、自然界に霊感を求める姿勢へと移ることは、形態にかかわる想像力の深い層での大きく本質的な変化だといえる。であれば、いったん変化した以上は容易には変わりえないだろう。近代様式成立前夜というべきこの頃でも、彼らの想像力の「地」の部分は、植物的形態に夢中だった時期の名残によって育まれていたはずだ。前掲の二作とも旧来の圧縮力に満ちた建築の姿に、樹木のような、自ら伸び上がる積極的な表情が重なっている。世紀末に得られた新たな存在感の感覚、立ち方の緊張が、具体的な植物的曲線を用いず、硬直した形態を通して語られている。世紀末の装飾は消えても、建築全体に、生命的な、樹木のような形態感覚を重ねる想像力を遺したとわかる。

ファレ邸に続くストッツァー邸（一九〇八）をS・モースは「鋭さを失ったファレ邸」と評した。確かに前作の個性的細部は消えている。目をひくのは、腰折れの屋根、正面上部の三角窓、それに底部中央の階段である。これらは、ファレ邸の壁の樹木模様とよく似た特徴である。前年の処女作では、装飾模様としてこだわった形態が、そのまま拡大されて立面全体で語られているともいえる。確かにストッツァー邸は、前作の植物形態を単純化したような細部がないため、印象が弱い。しかし立面全体が、彼の個性を背負う、より独自な樹木的な姿を暗示してもいる。装飾から始まった形態的こだわりが、全体の立ち方に移っている。後の想像力の飛躍のひとつが、すでにここにある。

❷ 硬直した樹木II――乗り出す事務所ビル――

世紀末芸術は、樹木のイメージに満ちている。先駆者J・ラスキンは「ゴシック建築を森のイメージとしてとらえ（中略）芸術は樹木に学ばねばならない」とした。W・モリスの植物文様では「樹木は単にパターンではなく、生きた、成長する有機体として表現」されていた。アール・ヌーヴォーの作家たちは「本物そっくりの植物をつくりだそうとしたのではなく、植物の生成原理を学んで、全くあたらしい樹木や花を育てようとしたのだ」とされる（海野弘『魅惑の世紀末』美術公論社）。

今も多くが残るパリの地下鉄駅（エクトル・ギマール、一八九九～一九〇二）は、確かに「新しい樹木」である。最初のアール・ヌーヴォー建築を生み出し、ギマールにも多大な影響を与えたヴィクトル・オルタの作品では、少なくとも外観はそれほど樹木的ではない。石造の住宅のためか、壁の表面だけが有機的に流動する程度の例が多かった。一方ギマールの駅舎は、機能的制約が少ない上屋や門屋のためか、柱や梁だけが、まさに樹木のように立つものが多い。素材が鋳鉄のために、自由な形態が可能になってもいる。細く伸び上がる幹のような柱が、上部で枝分かれし、茎の先には蕾のような赤い照明器具も付く。建築形態が、植物の立ち姿に、最も近づいた例だといえる。彼のアルベール・ド・ロマン音楽堂（一九〇一）の内部では、より単純化されているとはいえ、まさに樹木そのものともいうべき柱が見出せる。幹が伸び上がり、枝分かれして梁を支える形状なのである。

三〇歳代でアール・ヌーヴォーの寵児であったH・ギマールも、流行が去って後の五〇歳代の作品では、すっかり凡庸になっている。ブルターニュ街の事務所ビル（一九一四～一九）では、植物の有機

H. ギマール「パリの地下鉄駅」(1899-1902) 鋳鉄の可塑性は、幹や茎が伸び上がり、枝を張り出し、蕾のような照明器具が咲く表現を可能にした。植物の姿が、建築家たちの想像力を一新

H. ギマール「アルベール・ド・ロマン音楽堂」(1901) 竣工後数年で取り壊されたが、ホール内を特徴づける柱は、世紀末的曲線というより、伸び上がり枝分かれする樹木そのものに近い

G. シュダンヌ「パリジャン新聞本社」(1904) 直接に植物を模してはいないが、剝き出しの工業生産品の顔をした鉄骨に、生命が宿り、伸び上がり乗り出して出窓を支えるよう変形を促したよう

H. ギマール「自邸」(1912) 地下鉄駅のように、直接に植物を模してはいないが、大地から伸び上がり、上階で乗り出すという曲線的造形が、生命をもった積極的な立ち方を喚起

硬直した樹木 II パリの特にギマールの20世紀初頭の作品は、世紀末が、直接に植物を模すことを辞めた後に、建築家たちの想像力の中に遺したものを教えている

H. ギマール「ブルターニュ街の事務所ビル」(1914-19)　世紀末の流行は去り、直線が支配する今日的意匠だが、側面の垂直線の密集や、正面の上階ほどせり出す窓が独自。植物的曲線は消えても、大地から伸び上がり、空中で乗り出すような感覚は消えていない。世紀末が遺したものが感じ取れてくる

アンリ・ソヴァージュ「ロージェ街のアパート」(1904)(左)　20世紀初頭、僅かになった装飾は、アーチの起点と出窓の支持部分に集中。乗り出す表情の場所に植物の成長のイメージが重なる
オーギュスト・ペレ「ヴァグラム街のアパート」(1902)(右)　装飾は乗り出す根元に集中。流行が終息し始めた頃、過剰だった植物形態がどう整理されたかで、世紀末が遺したものがわかる

的生命を暗示するような特徴は全くない。同じ作者とは思えぬほど、かつての世紀末様式とは無縁に見える。今日の日本でも多い、やや古めのビルそのままだとさえいえる。しかし重要な相違も見出せる。通常の事務所ビルというべき意匠の範囲内で、側面には「細い柱型の密集」が表現されている(175頁)。一気に垂直に伸び上がる効果が特徴的である。さらに正面では、僅かずつとはいえ、窓が上部ほど乗り出す様が表現されている。用いられている要素はいかにも凡庸だが、そこに「伸び上がり」と「乗り出し」とが重なっている点で個性的なのである。地下鉄駅から二〇年を経た彼の「ポスト世紀末」とでもいうべき独自な感覚の反映がそこに読み取れるだろう。

この作品の意義は、同じパリに一五年前に建ったパリジャン新聞本社(一九〇四)を見るとよりよくわかる。今日のものに近い、鉄とガラスのビルが、この時期には成立していたことを語る作品である。目をひくのは、細い鉄骨柱が、上階で曲線状に乗り出して出窓を支持する姿である。ギマールの地下鉄駅では、鋳鉄が、植物を直接に写していた。ここでは、鉄骨自体は鋲が露出された大量生産品の顔をし、形自体もずっと簡略化されているが、つるや茎のような存在に近い曲線を描く。鉄が可能にした細いしなやかさが、生命をもって伸び上がるような効果と重なっている。一見して世紀末装飾とは全く異なるが、立面の表層に貼り付き、植物が成長する姿をなぞるような表情を誇示している点では近い。世紀末の想像力の、生命力にかかわる部分だけが鉄骨に宿っている。

同じ頃やはりパリ市内に建った、アンリ・ソヴァージュのロージェ街のアパート(一九〇四)には、僅かだが、植物装飾が残されている。しかしそれは、入口の大アーチの起点や、出窓の下部に集中している。旧来的な意匠の範囲とはいえ、乗り出す形状をなす部分に、植物の姿が重ねられている。当時の集合住宅ではごく一般的な出窓部分が、壁自体の生命力に促されて乗り出すように見える。単に目に心地よい植物的曲線で飾るというより、その成長する感覚が、ふさわしい部位に込められている。ヴァグラム街のアパート（一九〇二）は、オーギュスト・ペレ二〇歳代の石造作品で、世紀末の香りを残している。装飾は、やはり張り出す部分に集中して、自然の生命力を重ねている。乗り出すという感覚を介して、想像力の中で、植物形態と建築形態とが交差するのがわかる。同時にそれは、アール・ヌーヴォーの流行も終焉に近いこの時期に、どのように形態が整理されていったかを教えてもいる。世紀末は様々な変革をなした。最も顕著なのは、植物を直接に模したような表現だが、それらが消えた後も、背後で支えた、生命や成長力をもった形態的存在という感覚は消えない。網膜的な効果以前の、伸び上がり乗り出す「立ち方」という身体感覚として残っていったことがわかる。

やはりパリに建つギマールの自邸（一九一二）も、直接に植物的な表現ではない。しかし「伸び上がる」ような曲線は多用されている。上階へ行くほどに張り出すという特徴も明瞭に読み取れる。全体は、一〇余年前の地下鉄駅にあったような植物的な立ち方のエッセンスだけが、石の塊に宿ったように見える。こうした、伸び上がる垂直性と、上階での乗り出しとが別々に対比され、直線的な表現に託されると、七年後のブルターニュ街のビルになるだろう。それは、世紀末の立ち方の変革を鉄骨に託したようなパリジャン新聞本社を、通常の事務所ビルの意匠に重ねた姿だとも理解できる。世紀末が身体感覚の深い層に遺したもの、形態的想像力のある連続する流れが見えてくる。

❸ 伸び上がる家具／伸び上がる都市——様々な世紀末——

ウィロー・ティー・ルーム（一九〇三）やヒル・ハウス（一九〇四）等、チャールズ・レニー・マッキントッシュの代表的な室内では、著しく細長い形状のものが目立つ。開口、壁面装飾、手摺、収納扉など、際立った縦型輪郭が密集する効果が、インテリアの基調をなしている。特に目をひくのは、置かれた家具の類である。傘立て、灰皿、寝台、時計、そして椅子。みな単に細長いという以上に、通常見慣れたものが「引き伸ばされた」とでもいうべき独特な垂直性を特徴としている。極限まで「伸び上がった」ものほど、作者の個性を強く感じさせている。直接に植物を模してはいなくとも、あちこちで圧縮力から逃れ出た、世紀末的な存在感や立ち方の緊張が室内を性格づけている。

ルイス・ヘンリー・サリヴァンのシルラー・ビル（一八九一〜九二）では、彼の後の作品ほどには装飾は目立たない。縦長の輪郭内を、さらに垂直的に分割した外観である。全体は、基部と軒庇をもつ古典的な三層構成をなす通常の中層事務所ビルが、そのまま引き伸ばされて、高層ビルとなったようである。見慣れた姿が、極端に伸び上がったような緊張は、マッキントッシュの家具を思わせる。サリヴァンは、当時ますます高層化していった都市建築に、新時代の表現を与えたひとりとされる。その方法の基本には、大地や重力から逃れ出ようとする世紀末的な立ち方の感覚が感じ取れもする。

アメリカの世紀末的な建築を代表するのはサリヴァンのギャランティ・ビル（一八九五）である。ここでも、古典的な三層構成が基本で、主部は、柱と梁によるかご状をなす。よく見ると、林立する柱のうちには、地面に到達していないものがある。構造柱と全く同じような姿をした非構造柱を一本おきに混ぜていることがわかる。シルラー・ビル以上の垂直要素の密集効果が、より作為的に強調されているといえる。目をひくのは、ほぼ全表面に装飾が施されている点である。世紀末らしい植物模様ではあるが、萌え上がる茎や幹といった連続的な模様ではない。成長の生命を感じさせる形状とは対極的な、規則的に反復される花や葉の模様で一様に埋め尽くされているのである。そして、表面の仕上げ材のテラコッタに直接に模様を刻み込んでいるため、いかにも実体がないような軽やかさが支配するに至る。全体は、細い柱が必要以上に多く林立し、しかも全面彫り込み装飾により、現実の存在感が希薄な、ほとんど重さがないような表情に至っている。いかにも「引き伸ばされた」ような緊張がみなぎる。装飾模様自体が植物の伸び上がる生命を語らずとも、全体として、旧来の建築の圧縮力から逃れたような世紀末的「立ち方」を感じさせる姿となっている。

オットー・ワグナーのマジョリカハウス（一八九九）も、古典的な三層構成を示しつつ装飾で覆われている。しかし、装飾モティーフだけが、萌え上がる成長の生命を表現し、全体としての伸び上がるような効果はない。ほぼ同じ時期に完成した二作品は、この意味では対照的である。しかしともに、旧来的な立ち方と世紀末的なそれとを重ね合わせており、装飾の役割が重要な点では似ている。想像力の深い層でのこの時代の気分は、植物装飾という以上に、それが喚起する「立ち方」の感覚に支配されていたらしいと思えてくる。

P・モンドリアンは一九一二年～一四年頃、樹木を直線要素の集合へと抽象化して見せた（159頁）。同時期のH・ギマールの事務所ビル（一九一四～一九、169頁）も、地下鉄駅での樹木のような立ち姿を、

チャールズ・レニー・マッキントッシュの家具　「ウィロー・ティールーム」(1903)「ヒル・ハウス」(1904) などの彼の代表的な室内では、直接に植物を模さずとも、通常見慣れた形態が「著しく引き伸ばされた」とでもいうべき特異な緊張が支配する

O. ラスケ「ウィーンのエンゲル薬局」　古い建物を1902年に改装。表面に描かれた天使だけが、伸び上がるような世紀末的感覚を喚起している点が、マジョリカハウスと似ている

L. サリヴァン「シルラー・ビル」(1892)(左)　数百年の間見慣れた古典的な感覚、基部と頂部で挟む3層構成が著しく引き伸ばされ、高層化しつつある都市景観に新たな緊張を加えていく

L. サリヴァン「ギャランティ・ビル」(1895)(右)　柱と全く同じ部材を1本おきに混じえ、垂直線を密集させ、さらに全面に植物装飾を彫り込むことで、引き伸ばされたような希薄な存在感を強調

オットー・ワグナー「マジョリカハウス」(1899)　全体の古典的3層構成は揺るがないが、表層を覆う装飾だけが、萌え上がるような成長の生命を強調。異なる視覚的効果が重なり合う

伸び上がる世紀末　各地の世紀末建築は、内外を問わず、全体から家具まで、「伸び上がる」感覚を様々に表現。壁を植物装飾で覆った時代に、そうした網膜的効果だけではなく、「立ち方」や存在感にかかわる想像力の核が変化していく

H. ギマール「パリの地下鉄駅」（1899-1902）

H. ギマール「パヴェ街のユダヤ教会」（1912-13）

アントニオ・ガウディ「カサ・ヴィセンス」（1885）
世紀末へと向かう時期の処女作。30数年後のギマールの事務所ビルにも似て、街路へと、上部ほどせり出す段状の形を示す。作者は、散歩の途中で見た蔦に覆われた家から発想したという。建築形態にかかわる想像力の、立ち方という核心的部分を、植物のイメージが変え始めている

H. ギマール「ブルターニュ街の事務所ビル」（1914-19）

パリの地下鉄駅は、植物を直接に模すことで、生命に満ちた建築の姿を実現。**パヴェ街のユダヤ教会**に見るように、世紀末の流行は去っても「伸び上がる」感覚だけは残っていく。それは一見して凡庸な**ブルターニュ街の事務所ビル**に「伸び上がり、乗り出す」ような表情を重ねてもいた。3年後に、同様な感覚をより純化して、一体の箱型に託したのが**シトロアンII**だと理解できる。同じ対比の基本は、遠く**ロンシャン教会堂**にも見出せる。この教会が世紀末様式に似ているとしたら、自由な曲線形態だからではない。近代様式に至る曲がり角の始まりである世紀末が遺した、新たな立ち方の核心を骨格としているからである

ファレ邸（1907）の持ち送り

シトロアンII（1922）

ロンシャン教会堂（1955）立面

硬直した直線形態で再現しようと試みたものだと理解できる。パリジャン新聞本社（一九〇四、168頁）では、いまだ抽象化された曲線によって示されていた植物の成長する生命力が、ここでは、分節され階段状となっている。世紀末に得られた存在感の緊張が直線的な形態による表現にまで到達しているともいえる。ここまで来ると┣型や┏型、さらに╤型や⟍型も目前だろう。

アントニオ・ガウディの、建築としての処女作は、カサ・ヴィセンス（一八八五）である。施主が化粧タイル業者だったためか、内外ともに花模様などで華麗に仕上げられている。しかし建物本体は直線的で、階段状に張り出す輪郭をもつ。作者が散歩中に見た、つる草に覆われた家に霊感を得た作品だという。オルタが最初のアール・ヌーヴォー建築をつくる九年前である。繁茂する植物の生命力が覆う姿を、イスラム的な段状形態に託し、上へ行くほど乗り出し、街路へとかぶさるような姿を石造の範囲内で表現した。それは、ファレ邸の持ち送りや、ギマールの事務所ビルを思い出させもする。世紀末の前と後のこの類似は、段状に乗り出す形の根深さを教えてもいる。この後ガウディは、やはり自然をモデルに、さらに深い原理的な地点を意識し、建築の存在感を根本から考え直していく。

ロンシャン教会堂（一九五五）の基本には、世紀末から持続するものが見出せる。曲線的な造形だからではない。輪郭以前というべき対比的な構成感覚のことを指す。ポスト世紀末というべきギマールの事務所ビルは、直立する伸び上がりと、空中での乗り出しの対比として整理されていた。ロンシャンの基本は、この延長上にある。近代建築の成立を促した最も根深い形態的問題が、また別の生命を得て集約されている。それゆえに、無意識のうちにも、例外的な名作だと感じられるのである。

結び　「表層」と「本体」の分裂——世紀末からの問題提起——

サリヴァンと違い、ワグナーの建物は、全体としては伸び上がらない。マジョリカハウス（一八九九）は、基部の上に本体が載り、頂部に軒庇が突出する、古典的な三層構成を示す。しかし重々しさはない。壁は強烈な赤い植物模様で覆われ、その萌え上がる姿に沿って、目は建物の表面だけを走る。背後の部厚い壁体の重量感は忘れてしまう。付加物でも、彫り込み模様でもない、表面に描かれただけのグラフィックな図柄であるため、「厚みのない外皮」とでもいうべき純粋に二次元的な存在感だけが強調される。ここで装飾は、壁を豊かに飾りつつ、ほぼ覆い尽くすことで、さらに「表層の自立」というべき視覚的効果を主導することとなるのである。全体の輪郭は歴史様式に根差す安定した存在感を語り、そこに網膜的効果としては、新時代の軽やかに生育する運動感を重ねる。全く対照的な特徴が重なり合う、過渡期の想像力のひとつのあり方を教えている。

七年後のウィーン郵便貯金局（一九〇六）では、植物的な装飾は消え、世紀末の流行が去ったことがわかる。全体はやはり堂々たる三層構成の、石の塊のようだが、いかにも軽やかに見える。石造ではなく、薄い石板が貼られただけだと、すぐにわかるからである。仕上げ板を留める鋲の頭を露出し、「石は表面の化粧にすぎない」と誇張的に語っている。軽やかさを印象づけ、「表層の薄皮一枚の存在感」だけを強調する処理だといえる。伝統的な、使い慣れ安定した構成を信頼しつつも、徹底して表面だけを意識させる点ではマジョリカハウスと同じだといえる。世紀末には装飾で覆い、ここでは薄板で覆うことで、ともに「表層の自立」を実現している。手段は替わっても、類似の効果が持続していく。世紀末に、装飾によってなされたのとほぼ同じことが、二〇世紀初頭には、大理石の「薄皮一枚」という「現実の要素の存在感」を通して語られる。網膜的な効果が、より実体に即した方法へと進化している。こうして、一見して重厚で伝統的な姿が、蜃気楼のように、実体を失い始める。

マジョリカハウスの花模様は、表層を滑るように走る装飾のみの存在感を誇張し、背後にある本体は、全く別のものだとさえ感じさせた。郵便貯金局でも、通常なら不可分な塊に一体化して見えるはずの仕上げ層が、より自由な、容易に取り外せるような存在に見えている。大地に根差す重く確かな本体に、依存し従属する表層の存在感が、目の違和感とともに変質し始め、不安定な感覚がみなぎる。外皮だけが、新時代に向け、性格を変え、薄く軽やかな姿を主張するが、背後の本体は、どういう性格となったらよいのかわからずに取り残されてしまう。こうして、通常の構成感覚とは別の、「表層と本体」という関係が際立ってもくる。

ワグナーの作品軌跡に見るように、世紀末には、装飾の流行にのって「表層の自立」という効果が意識された。それは「表層と本体との分裂」というべき形態の問題が提起されたことでもあった。世紀末が遺したものとして、前掲のギマールの事務所ビル（169頁）が語る「立ち方」とはまた別の問題があったことがわかる。サヴォワ邸や、その基礎づけといえる五原則やドミノは、外皮一枚を、構造体から自立させる工夫を核として、斬新な形態世界に至った。近代建築は、「表層と構造本体とが分裂」しているという想像力を基本的特徴としている。その点では世紀末と連続しているのである。

オットー・ワグナー「ウィーン郵便貯金局」(1906)
7年前の植物装飾(174頁)は消えているが、仕上げの石板の留鋲を露出し、「貼り物」として、表層1枚の存在感だけが強調されている。古典的な3層構成に則った堂々たる外観全体が、背後の重い駆体を置き忘れたかのように、実体のない希薄な存在に見えてくる

「表層」と「本体」の分裂　世紀末建築は、装飾で覆い尽くすことで、表層のみの存在感を強調した。装飾が去っても、表層が本体とは別の存在感を主張するような感覚だけは遺っていく。それは、「構造と表皮との分節」という、後の近代様式の基本にある発想と直結してもいるだろう

ワグナーは、三層構成など、建築形態を整える旧来的な方法を生涯守り通した。革命家というよりは、保守的古典主義者と呼ぶにふさわしい。最後の作品に至るまで装飾を残してもいた。装飾を犯罪とみなし、装飾のみならず、軒庇もない剝き出しの箱型住宅を生んだアドルフ・ロースの方が、来るべき様式をより的確に予言していたとみなすのは正しいともいえる。しかしワグナーは、「表層の自立」という、ロースとは別の、原理的な特徴の萌芽部分を実現していた。この意味でワグナーの軌跡は、世紀末に提起されたひとつの形態的問題を、近代様式へと方向づけたという意義をもってもいる。

世紀末様式はすぐに飽きられ、短期のエピソードのようでもあった。しかし、強烈な視覚的刺激によって想像力を一新する下地を用意し、さらに建築の存在感にかかわる想像力の深い層にも重要な変化を遺したともいえる。世紀末が建築をどう変え、植物装飾を捨てた後に、そのうちの何が遺ったのか。近代様式と直接につながるような、そのポスト世紀末の特徴を、二種類に分けて確認しておく。

(i)「伸び上がり、乗り出す」という立ち方(H・ギマールなど)

(ii)「自由な表層+不自由な本体」という構成感覚(O・ワグナーなど)

以上は、世紀末が、巨大な変革期の冒頭として提起した、形態的問題の内容である。過去を拒否し、新しい形態世界を求めてはいるが、充分に信頼できるものはまだ見えない模索期だった。過渡期の不安定な想像力の世界は、具体的には、こうした特徴から始まり、コルビュジエもその中にいた。

終章　幸福な出会い／最後の夢

　コルビュジエの軌跡では、一九二〇年代に近代建築の誕生を推進した際に不可欠だった輪郭や脇役の、その直接の延長上にあるものが、後々まで多彩な発想を生み、表現の豊かさを支えていた。革命の内容が、そのまま成熟につながりえていた。晩年の成熟にも、近代様式を生んだ最も生き生きとした形態的生命力がいきづいていることが、独自性を保証している。単に才能や個性というだけでは不充分である。僅かな芽が、大きな時代のうねりと、共振しつつ増幅されるような条件が、彼の出発点にはあった。

❶出発点に見えるもの――時代のうねりと故郷の傾斜地――

二〇世紀後半になって世紀末芸術は再評価され始めるが、すでに取り壊された建物も多い。オルタの民衆会館（一八九九）やギマールのアルベール・ド・ロマン音楽堂（一九〇一）などの記念碑的な大作も今はない。表層的な形態の斬新さゆえに爆発的に流行したものは、容易に飽きられ、さらにはそれが嫌悪に変わったりもする。直接目に映る特徴は、新しい驚きを求めて多彩に変化するが、また捨てられやすくもある。一方、深い身体感覚とともに植えつけられた、建物全体の存在感を基礎づけるような想像力の部分は変わり難い。いったん変化したら長く持続し、むしろ表層の変化を背後で支えたりもする。建築形態を眺める難しさと面白さのひとつがそこにある。

大地に押し付けられ、圧縮される受け身の存在感ではなく、伸び上がり、積極的に周囲へとはたらきかけるようなそれを、世紀末建築は、植物の形態を通して喚起した。細く伸び上がり、上空で乗り出す点は似ていても、中世ゴシック様式とは違い、閉じずに外を向き、都市に直接に語りかける。建築は、こんな風に自由で積極的な姿をもちえるのだ、という驚きがあっただろう。この「立ち方」の斬新さは、少なくとも同時代の想像力への問題提起として浸透していったはずだ。身体感覚の深い層で受け止めたものは消え難い。しかし植物形態を信頼できなくなって、その立ち方の緊張だけが遺ったとしても、すぐにそれを別の形態を通して表現できるものでもない。特に幾何学形態を通して語るのは困難だろう。単に軽く細くするという以上の工夫も必要となる。それが、新たな建築像を求めつつも、具体的に見えてこないという、この時期の実際の課題のひとつだったと想像できる。

一九二〇年代のコルビュジエ作品を特徴づけ、晩年まで続く個性の部分は、世紀末が変えた建築の「立ち方」をその根にもつはずだ。幾何学形態に「伸び上がり乗り出す」感覚の喚起を重ねる工夫が┣型、┏型、┳型等を発想させただろう。

ワグナーの郵便貯金局（一九〇六）の駆体はコンクリートである。しかしそれは、外観からは感じ取れない。表層だけが、新時代にふさわしい表情と緊張とを担い、構造本体は、背後でいわば取り残されていた。八年後のドミノは、そんな「建築形態を内から支える想像力」の新たなあり方を喚起しえるものだったろう。世紀末には自由を得た「表層」も、二〇世紀初頭のしばらくは、内部からの裏付けを得られぬまま、外周で不安定に孤立していた。表層にかかわる網膜的効果のみが新しく、本体にかかわる身体感覚が追いつけぬ、分裂した建築像だったといえる。それがドミノにより、「伸び上がりつつ床を、乗り出して壁を支持する」という、新時代にふさわしい確かな想像力の裏付けを得られた。世紀末からの「本体と表層との分裂」という状態それ自体が前提となり、自由な表層は幾何学的輪郭をとり、内なる存在感は、樹木とも重なりうる積極的な緊張を得て、新たな統合に至った。

白い箱型様式は、旧来の建築像の対極でありつつ、同時にまた世紀末からの形態的な問題提起へのひとつの整合した解答だったといえる。軽やかな一枚の表層だけが自立して直方体をなし、背後でそれを裏付けるのは、新技術でのみ可能な内部からの積極的な存在の感覚だった。近代様式を基礎づける「表層の自立」と、それによる斬新な外観を支えたのは、植物的な立ち方の末裔のように内部を貫く構造体のイメージだった。転換期の不安定な想像力は、植物形態によって提起された問題に、新たな構造技術と幾何学的世界とをモデルとしつつ解答したともいえる。

今日に至る建築形態の方向転換は、十九世紀末に曲り始め、一九二〇年代にほぼ曲り終えた。彼はその最後の仕上げの段階にいる。従って、無意識のうちにも、新様式の発生時の事情のみが引きずる、世紀末と連続する相を背負っていた。植物観察と幾何学形態を重ねることから開始し、新たな様式的生命誕生の深い部分と応答しえた。それゆえにさらなる実り多い展開もなしえた。今日に至る形態的生命力の仕上げと応用とをなした。この意味で、近代建築の連続する層を典型的に体現している。

三〇歳で左目を失明していた彼は、立体的な存在感をより深く身体感覚に根差して捉えていただろう。しかしそれ以前に重要なのは、傾斜地にだけは恵まれて育った点だ。足首から全身に走る斜面の感覚を、幼時から日々実感していた。その上半身が空中へと乗り出すような運動感をはらんだ緊張は、不動で受け身の性格でなく、周囲へとはたらきかける感覚をはらむ点で、世紀末が提起した立ち方と重なる。彼は、時代の想像力の深い層での変化を、変化が求めるものを、ごく自然に、身体の最も深い部分で受け止めえたはずだ。斜面の樅《もみ》の木の立ち姿が、より深く感情移入を誘ったはずだ。ファレ邸の立面や壁面装飾が象徴的なのは、「樹木でありかつ幾何学」だからだった。幾何学への信頼を育てつつも、一方で植物の生命感をも深く実感できるような時期と場所で多感な年齢を過ごし、創作者として自己形成した。世紀末の名残がまだ生々しく残る時期に、その変化の深みを実り多く増幅できるような地形にいた。ひとつの時代の巨大なうねりと、場所と、個性との、豊かな緊張関係が想像される。彼の出発点には、時代と風土と個人との幸福な出会いが具体的に見えている。

❷めくれる端部——もうひとつのこだわり——

前川國男の神奈川県立青少年センター（一九六二）の正面はチャンディガール議事堂（一九五一～六四）に似ている。低層部では、前方へと突出しつつめくれ上がる巨大な庇状部分が訪問者を迎え、背後に高い棟が聳《そび》えるからである。しかしこの高層棟には様々な機能が積層され、複雑な形態をもつ。チャンディガールでの議事堂を収容した筒状部分のような、単純に「伸び上がる」だけの筒型からは遠い。本体部分の立面にも「型」は見出せない等、構成の概略は真似ても、対比効果はずっと弱まっている。むしろめくれる庇へのこだわりだけが迫ってくる。同様な表現は、京都会館（一九六〇）や東京文化会館（一九六一）にも登場している。一方、紀伊国屋ビル（一九六二）では、ほぼ同じ庇を積層して都市建築と化している（99頁）。コルビュジエが対比を表現した、一方だけを使ったのである。この時期、他の建築家にも模倣例は多い。いかに魅力的な表現だったかがわかる。それはロンシャン教会堂（一九五五）にも見られる、後期の最も目立つ部分の特徴ともいえる。

これまで見たように、彼の作品の骨格的な効果や表情は、持続する輪郭や脇役から理解できる。しかし部分の特徴までは、それらからは説明し難い。こうした細部の、いかにも個性的な表現的処理まで持続するとは思えない。成熟した巨匠のひらめきが、細部の味付けとしてちょっとめくれる姿にして見せた。戦後のいかにも自由な彫塑的造形の境地の一貫だと理解できる。

しかし一九二〇年代にも興味深い例は見出せる。たとえばシトロアンII（一九二二）を斜め前方から眺めると、チャンディガール議事堂に似ている。手前へと乗り出すものが迎え、背後には伸び上が

前川國男「京都会館」(1960)・「神奈川県立青少年センター」(1962)　前川による一連のめくれ上がる庇は、コルビュジエの個人的な様式が真似られたものだといえる

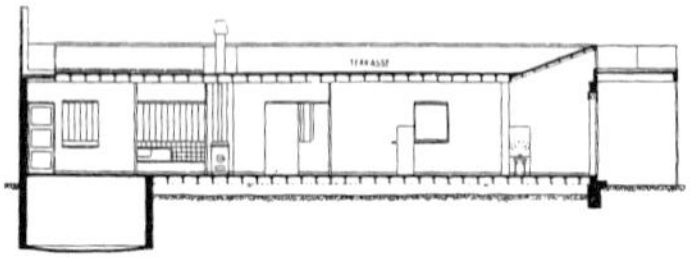

シトロアンII（1922）（上左）・レマン湖畔の住宅（1925）（上右）・ロンシャン教会堂（1955）（右）・チャンディガール議事堂（1964）（下）　全て「卩型」を反映し、「前方への突出」と、背後での「伸び上がり」との対比が特徴。さらに全て突出部分がめくれ上がる。原型的で骨格的なものに加え、こうした細部の表情に対するこだわりも伴い、両方向から構想を具体的に促していたようだ

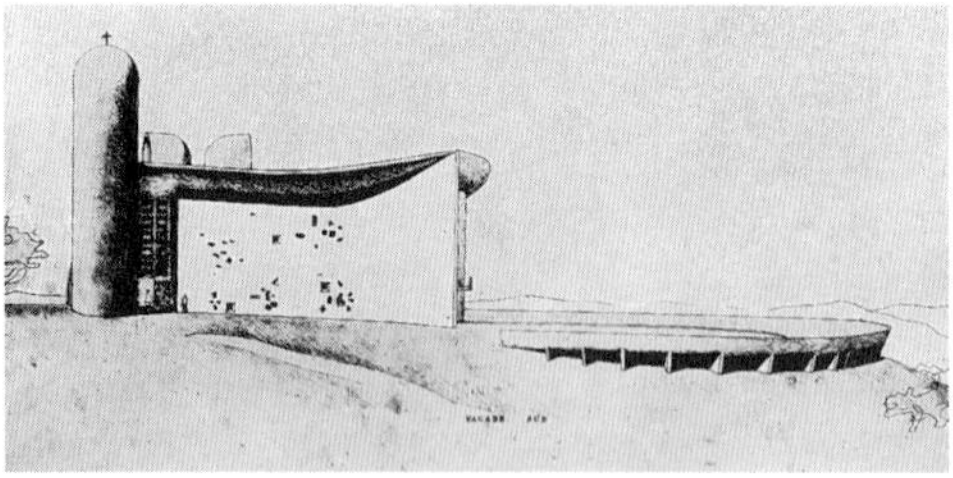

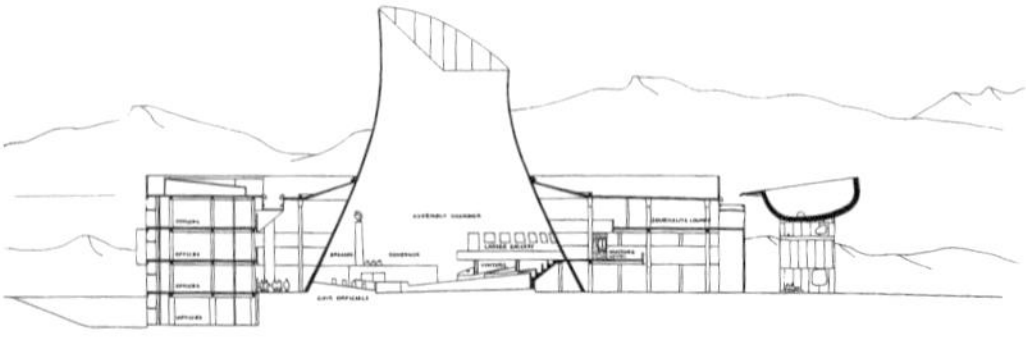

めくれる端部　輪郭や脇役だけでなく、ある特徴的な部分の表情も繰り返される。存在感にかかわる原型と網膜的な効果という、双方のこだわりが発想を枠取って持続していたらしい

るものが見える。こうした対比までは、いままで見た、持続する┣型や┏型で説明できる。特にシトロアンIIは高度に原型的で、明快に鋭く┣型の輪郭を切り取った姿をなす。しかしバルコニーの手摺壁だけが、唯一そうした直角が支配する統一感を破って斜面状をなし、違和感を与える。コルビュジエの感覚が、余りに全てが直角で厳しく切断されすぎている状態を嫌ったのだろうか。ここには、他の箱型住宅にはしばしば見られる、全体の直方体と対比されるような曲面もない。単純で原型的すぎて、何か「遊びの部分」とでもいうべき表情が欲しかった、そんな彼の意図が感じ取れてもくる。しかし、効果として見ると、この手摺壁は、単に「変化をつけた」という以上の個性を感じさせる。斜め正面から見ると、手前に突出してくるものの先端が、めくれ上がるような効果をつくるからである。チャンディガール議事堂の庇も、決して後期に特有なものではなく、原型的な感覚は三〇年前にあった。ロンシャン教会堂の外観も、背後に塔を見せつつ、正面では主役の屋根が、空中で乗り出しつつ、先端でめくれ上がる。後期の自由な造形の中で際立つ「めくれる」細部も、┣型や┏型等の持続とかかわって、一九二〇年代から用意されていたのだと思えてくる。

　こうしてシュタイン邸（一九二七、86頁）の入口上の庇でさえ「めくれ上がり」の先祖に見えてくる。初期案では水平だったものが（52頁）、実施案では傾斜する。本体を純粋立体として強調するため、いかにも容易に取り外せる、別ものを付加したような表現に向かったのだろう。しかし、「正面へと乗り出しつつめくれる」点に、共通の感覚が見出せもする。そして、二年前のレマン湖畔の住宅（一九二五）にも、ほぼ同じ角度でめくれ上がる板があったのが思い出される。

この小住宅は、最小規模の箱型に┌型と┗型が重なり合っていた。小さな一室住居としては、意外なほどの複雑な構想だった（82頁）。そうした輪郭の基本に加え、興味深いのは、屋根板の一部がはね上がっている点である。高窓をとって寝室に朝日を入れるためだろう。しかしそのめくれが、直角が支配する断面形に唯一の変化を生む。純粋に形態的な意図も感じ取れる。斜め正面から見ると、細長い白い箱型が手前に突出し、背後に垂直の板が立ち上がる。┗型の基本的な姿であり、さらにその中で、屋根がはね上がる。「後期のめくれ」と同様な感覚が感じ取れてくる。チャンディガール議事堂の、特に初期案の立面と並べると、よく似ていることがわかる（133頁）。小住宅の敷地境界で大きく立ち上がって、全体の水平突出と対比されている壁が、三〇年後に、ロンシャン教会堂の採光塔となる。屋根板のめくれが、膨らむ貝殻のような教会の屋根へと展開していく。この教会を構想した想像力の中に、レマン湖畔の小住宅を設計したときのあるものが生き残っている。形態以前の骨格とともに、細部にかかわる感覚も持続している。

ロンシャン教会堂を、コルビュジエの想像力の底で持続する奥深い存在の感覚が、最も自由に解放された姿だと見るだけでは不充分なようである。そうした輪郭以前のものへのこだわりとともに、最終的に目に映る形としても、早くからあるこだわりが持続していたらしい。当初は些細なめくれが、次第に誇張的に表現されるように進化もしている。骨格的な効果とそれを支える細部の表情、あるいは身体感覚的なものとそれを支える網膜的なものという、両端に彼の個性の根が宿ることで、いかにも自由で独自な世界を保証していたらしい。

❸一致する先端／解き放たれる対比――フィルミニ――

いかにも突然変異的に出現したようなロンシャン教会堂（一九五五）も、それまで様々に用意されていたものが、高度に統合された結果だといえる。それなら、これまで見た以外にも起源が見出せるはずだ。たとえばペサック住宅地のグラット・シェル型（一九二六）の立面（44頁）は、微妙な表情としても予言的なものを含んでいる。むろん全体の「伸び上がり、乗り出す」という対比は共通している。中央のΠ型は、二住戸の境界に立ち、互いに反対を向く屋上テラスを覆っている。それはロンシャン教会堂の断面で、乗り出す屋根と交差する、二本の採光塔の姿を直接に思い出させる（67頁右上）。「背中合わせで伸び上がる」という感覚が似ているのである。

グラット・シェル型とロンシャン教会堂には、細部の類似もある。上空で乗り出すものが、正面で立ち上がる壁の上端へと、先端を一致させていく点である。前者の空中の⧹型は、街路へとかぶさりつつ、壁の上隅と一致して止まる。後者でも、上へとめくれつつ乗り出す屋根は、外へとめくれつつ立つ壁と、上空の一点へと一致していく。サヴォワ邸の中型の断面スケッチでも、斜路は空中の直方体の先端を目指して上昇する（62頁）。二つの異なる運動が先端を一致させていくという緊張。白い箱と自由な彫塑的造形と、扱う形態の性格は異なっても、扱う際の細部のこだわりが共通する。前項で見た「めくれ」と同様、一見して相違しつつ、ごく部分的な表情にかかわるある緊張が持続している。決して偶然とはいえない、ある種の「感覚のくせ」だといえよう。⊢型やΓ型の立ち方を、さらに個性的にする役割を担っているだろう。深く身体感覚に根差した骨格的な特徴と、細部が発する視覚的

  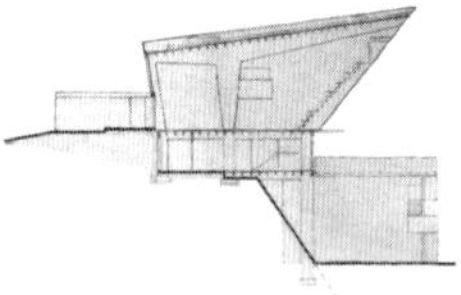

ペサック住宅地のグラット・シェル型（1926）（左）・ロンシャン教会堂（1955）（中）・フィルミニ文化の家（1965）初期案断面（右）　これらは、大地から伸び上がる壁の上端が、上空で乗り出すものの先端と一致するという点で共通している。細部にかかわるこだわりも、最終的な形態を支えているらしい

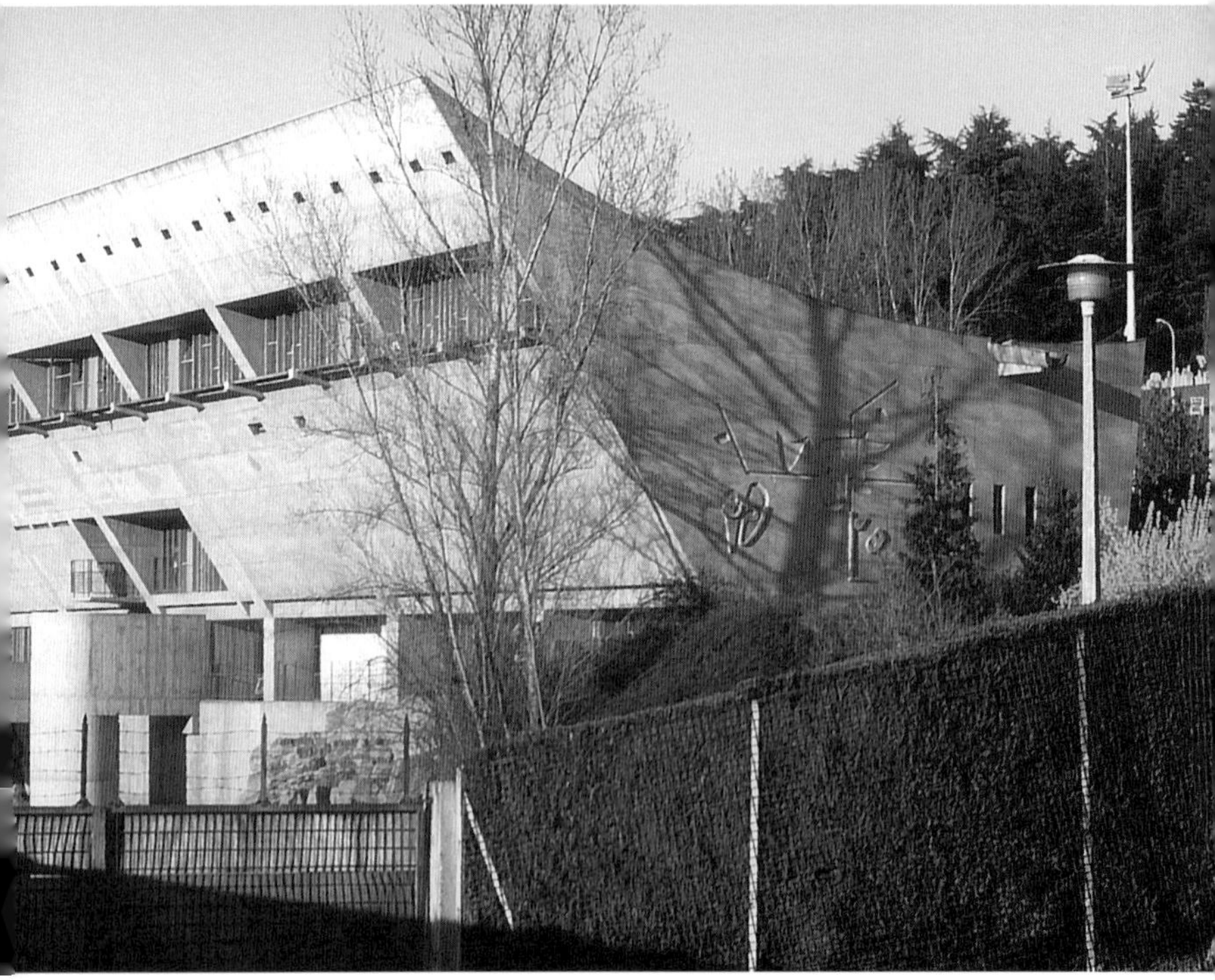

解き放たれる対比　「ト型」など、一作品に内在していた対比は、最晩年に至って解き放たれ、複数の建物間の対比として、都市的な効果を担うよう、さらなる展開を見せ始める

フィルミニの教会模型 ロンシャンにあった対比は消え、ごく単純な「伸び上がるだけ」という効果が支配し、かつての造形の強さに欠ける。その単純すぎる物足りなさは、乗り出すだけのフェルミニ文化の家（右）でも同じである

フィルミニのスタジアム（1969）（下） 晩年のフィルミニの計画では、彼の個性が弱まっているようだ

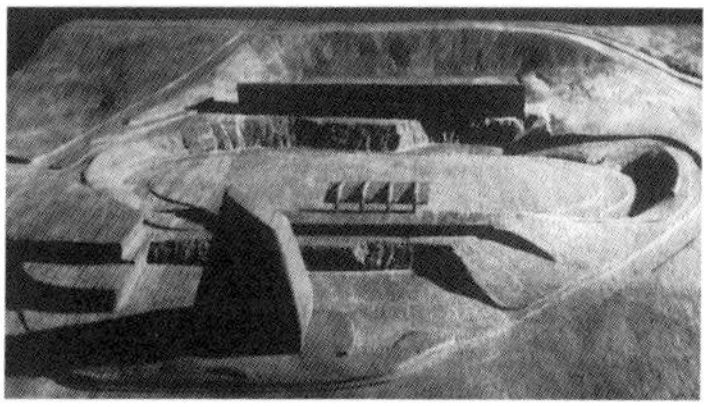

フィルミニの計画模型（奥が文化の家、手前が教会） 単純すぎる2作品は、対照的性格を主張し合い、かつての対比効果を都市的に再現するはずだった

フィルミニの教会現状 作者の死後に着工されたものの、工費が不足し、突然の中断をそのまま反映した姿をさらし続けている

フィルミニ文化の家（1965）**外観** 最終的に吊り構造を採用したこともあり、チャンディガール議事堂等と比べ、「乗り出すだけ」の効果に統一された全体は、対比効果のない、余りに単純な姿として物足りなくもある

効果という、両者を関係づけるような意義もそこには見える。漠として持続する存在感の対比を背景に発想し、一方で独自な視覚的緊張を直接に喚起する細部の具体的な表現のあり方を手掛かりとして、形態を整理していく。概略の骨格と網膜的効果という双方のこだわり、前提と結果という両端に、彼なりの形態判断の契機があった。そうした両端を保った範囲内で、形態的想像力は、より強靭に、より自由に活動しえたのだと理解できる。

フィルミニ文化の家（一九六五）はロンシャン教会堂から一〇年後である。実施案は吊り構造だが、初期案では、傾斜状の「型に組まれた架構によっていた。その斜めに乗り出す梁の先端を目指すように、壁が下から斜めに上昇する。前で見た「先端の一致」というこだわりが、直接に全体輪郭をつくり出している。従ってこの断面の逆台形ともいうべき特殊な輪郭も、決して突然変異的にひらめいたものではなく、前提と結果という両端での持続的な手掛かりがそのまま直接に関係づけられた結果だと理解できる。

この作品自体は、彼の、特に後期のものとしては単純すぎる。一見して伸び上がりと乗り出しとを一体に統合するような全体の身振りが感じられはする。確かに吊り構造の採用で、その効果は強調されただろう。しかし同時に、構法を替えたために、「垂直」や「伸び上がり」を示唆するものが、ずっと弱まってもいる。初期案では、内部の中央に柱が並び、空中で突出する梁と対比され、「型的な基本効果を強調していた。しかし吊り構造になって内部の柱がなくなり、対比は消える。チャンディガール議事堂（186頁）と比較すると、雄々しく伸び上がる議場部分に相当する効果が全く消えたことになる。フェルミニ文化の家は、その全体形によって、議事堂前面の庇部分の乗り出す効果だけを語っているようだ。持続してきた対比が消え、ごく単純になった。最晩年に至り、最初期からの根深いこだわりが希薄になった。創作力の衰えを象徴している作品なのだろうか。

戦災で壊滅的な打撃を受けたフィルミニの復興計画では、最晩年の複数の作品が実現した。没後完成したユニテ型集合住宅（一九六八）は、フラット型住戸ばかりで、ピロッティや屋上の造形も弱く、マルセーユでの独自性には遠く及ばない。スタジアムも特徴に乏しく、創作力の衰えも感じられてくる。その中では、巨大な台形筒型のフィルミニの教会が注目される。地区全体の模型を見ると、大きく身を「乗り出す」文化の家と、この「伸び上がる」教会とは、強力に対比し合っている。教会は、チャンディガール議事堂の議場部分に相当することがわかる。かつての対比は、ひとつの建物の中ではなく、二つの棟に分けて託されている。彼の持続するものは、深く身体感覚に根差し、それゆえに一作品という完結体の個性を生き生きと保証しえていた。しかしここでそれは、より自由に、開かれている。対比はまず卜型では一体の箱に宿り、ペサック住宅地のグラット・シェル型では、別々の脇役に託され、それが誇張されたチャンディガール議事堂を経て、都市空間を特徴づける別々の二棟間へと、雄大に解き放たれていく。多産だった創作契機の、長い進化の、最後の飛躍だった。

教会は工事が中断したまま、上部を切断されたような姿を曝している。失われたのは、一棟の宗教施設というだけではない。コルビュジエが生涯にわたって持続し、最後に実現を夢見た「都市空間の秩序としての対比」そのものなのである。

あとがき

学生のときに渡欧し、コルビュジエ作品としては、最初にスイス学生会館を訪れた。「空中のガラス箱」として覚えていたのだが、手前に石積み壁が立つ閉鎖的な外観がまずあらわれた。ピロッティは僅かに見えるだけで、アプローチに対して背を向けているように思えた。回り込んでようやく、写真でよく知っていた姿となる。次に訪れたサヴォワ邸でも、最初に出会う外観は、目に焼き付いていた「空中の箱」とはやや異なっていた。ピロッティは両脇部分だけで、むしろ「垂直面が立つ」ような効果にも近い立面が出現する。強く記憶していたのは、反対側の姿だったとわかる。晩年のラ・トゥーレット修道院を見ても、発想の出発点だったと作者が語る「空中の個室群」は、アプローチ側では目立たない。まず無窓の「巨大な垂直面」があらわれ、個室群は逆方向から仰ぐこととなる。

これらは、ピロッティの効果を強調する工夫だとも理解できる。しかし、大事なものを「最初は隠しておいて、後で見せる」という程度の演出が、晩年まで幾度も繰り返すほど重要だとは思い難い。実際ワイゼンホフ連続住宅では逆になっている。まずはピロッティ上の白い箱が見え、垂直の塔や壁は裏に控える（58頁）。ロンシャン教会堂も同様である。正面では空中の大屋根が最も目立つが、背後では僅かに端に覗くだけとなり、塔や壁が支配的となる。こうして「見せ方の演出」というよりは、むしろ「全体の姿にかかわるこだわり」というべきものなのだろうと思えてくる。正面と背面に対照的な表情をもちつつ立つことが、建築形態全体としての、彼なりの独自な存在感を保証する。それが多産な想像力の緊張の基本にあったらしい。ピロッティも、単に空中に持ち上げる手段として理解するだけでは不充分なようだ。全体にかかわる、より大きな意図の一部に組み込まれている側面が重要だろう。こうした些細な、しかし具体的な疑問にもとづく予感が、本書に至る出発点となった。

当時は世紀末建築に注目し、花模様の流行がなぜ後の白い箱型様式に至る変化の開始となりえたのかを考えていた。壁を覆う装飾は、ほとんど網膜的な効果として「表層の存在感」のみを強調し、それが「薄い外皮一枚で語る」ような近代建築の想像力と連続していたのだろうという理解に至った。しかしこの「表層の自立」だけでは、新しい様式を生み出した「連続する相」の指摘としては不充分だと感じ続けてもいた。二年余り前に初めてコルビュジエの故郷の急斜面地を訪れ、歩き回るうちに、それまで離れていた様々な手掛かりが自然に結びつき、本書の骨格が具体的になり始めた。

作品は、作者なりの多くの創作的こだわりを経た結果として存在している。優れた建築がもつ、幾度も足を運びたくなるような魅力は、通常以上の高度な形態的問題を解決したことで生み出されたものだといえる。そうした「結論としての建築作品」の具体的特徴から出発し、経て来たはずの創作的問題を推測していくのが「形態論」の方法の基本である。確かにコルビュジエの活動には多くの重要な背景がある。遺した言葉も豊かな力をもつ。しかし、それらの中には、必ずしも実際の創作とのつながりが感じられないものもある。まず信ずるべきは、現実に見ることができる具体的な結果であり、そこから読み取れる問題だということにもなる。ある建築家から学ぼうとする際に、作品の形態から始め、そこに反映されたものを重視していくというやり方となる。一見して些細とも見える僅かな特

スイス学生会館（1932）

サヴォワ邸（1931）

ラ・トゥーレット修道院（1959）

立ち塞がる壁　3作品とも、訪問者に対し、背を向けたような姿であらわれる。それは、コルビュジエの想像力の底に、建築形態の、立ち方の基本にかかわる独自な持続するこだわりがあることを思わせる徴にも注目し、ほとんど無意識のようなこだわりまでも含め、形態として語られていることに最大限に耳を傾ける。そうやって個々の作品を全体として読み直していくことが、ひとりの建築家を、何より実際の創作者として理解する基本となるだろう。

今日の建築がどのように生まれ出たのかを考え直す際、背景や著作を細部から見直したり、あまり知られていなかった作家に注目することは重要である。しかし飽きるほど見てきたはずの作品にも、新たな発見はあり、そうした地点からの再考も有効だろう。高度な奥深い創作的課題を担った作家や作品ほど、そのときどきの視点の変化に伴って異なる重要性が見えてくるに違いない。

巨大な時代のうねりも、細部では、現実の作品たちの具体的特徴が連鎖することで成り立っている。そこでの様々な発見が問題提起となり、実り豊かな疑問を喚起し、ときには深く持続するものまでも垣間見せる。さらにつながり合って想像力を拡大し、これまで知っていたのとは全く違う流れを示唆し、別の連鎖の糸を織り出してもくれる。それが、図面や写真でよく見知っているはずの建物を、はるかな地までわざわざ訪ねることの楽しみである。

本書は全く異なる企画から出発した。内容が二転三転するたびに的確な助言を下さり、一冊の本として最後まで仕上げて下さった富重隆昭さんに御礼を申し上げます。

二〇〇二年一月

越後島研一

C. 脇役の原型　本体に独自な表情を与える付加物たち。それ自体は部分的特徴だが、生み出す効果は全体の個性的な存在感を保証。単独ではなく、「本体＋脇役」（口＼型）や、特に「脇役同士」の枠取りのセット（＼型＋ㅠ型）となる場合が重要

口＼型

トンキン型

「空中の直方体」へと「階段」が上昇する「本体＋脇役」セットの代表。孤立する幾何学的完結型が、「大地とつなぐ階段」を付加され、建築としての最小限の独自性を獲得。「空中の矩形壁」へと背後で階段が上昇するシュオブ邸が起源。トンキン住宅（左）が初期例で名称の由来。ルシャール住宅が典型。国立西洋美術館（右）も巨大化した「口＼型」。設計過程での案も含め実例は多数—→ P36

トンキン住宅(1924)

国立西洋美術館(1959)

＼型

側面階段型

斜路や階段が主役の側面に貼り付き、斜め方向の運動感や「乗り出す」ような立ち方の個性を重ねる。地面からひとつながりで上昇する例と、空中で孤立する例がある。ポワレ邸（左）の大地から身を起こして空中で乗り出すような基部が起源。シトロアンで側面の付加物と化し、ペサックで多彩な例が出揃う（右）。晩年の大作チャンディガール州庁舎でも側面の斜路が立面を個性化—→ P92

ポワレ邸(1916)

ペサック住宅地のヴリナ型　(1926)

丌型

屋上板型

主役の頂部で孤立する板。細い柱が下から差し上げ、箱型に「伸び上がる」ような表情を重ねる。屋上の付加物の例と、全体の直方体輪郭内で板が伸び上がるような効果の例とがある。ドミノが起源。ペサックでは4種類の住戸に付く。クック邸（左）やペゾー邸初期案では、全体の輪郭内部での出来事となる。コルビュジエ・センター（右）に至る一連の「〜型」屋根は誇張的な変種—→ P125

クック邸(1926)

コルビュジエ・センター(1966)

補足　「＼型＋ㅠ型」（脇役同士のセットの典型例）　2つの代表的脇役、「ㅠ型」と、主に斜路の「＼型」とが全体を枠取ることで個性的な形態世界を保証するという「組み合わせ効果」の原型→ p 116

リェージュ博フランス館(1939)は仮設的施設のため、ほぼ「＼型」と「ㅠ型」による脇役セットだけで成立。最初期から持続する原型的な形態効果が純粋に集約され、空虚部分を枠取っている

ペサック(1926)のグラット・シェル型は箱型を「＼型」と「ㅠ型」とが個性化。「伸び上がり」と「乗り出し」の対比が支配する表情は「卜型」と共通。異なる手段がつくる同じ効果は、「9つの原型」の背後にあるものを示唆

A. 全体輪郭の原型　主に立面や断面の外周輪郭として読み取れる単純で特徴的な形状。全体の「立ち方」など、様々な個性的形態効果を支える存在感の基本を性格づける。広くは「好みの輪郭」といえるが、根深い背景を集約した重要性をもつ

ト型
横に凸型

一体の箱型により「大地からの伸び上がり」と「空中での乗り出し」との対比を表現。以下 8 つの原型を派生させる初期的な整理となる「原型の中の原型」。絵画での壜などに始まり、「垂直の箱」と「水平の箱」とが同等に対比し合うシトロアンII（左）が典型。ペサックで多くの例が揃う。戦後には、直接に反映された作品は稀だが、ロンシャン教会堂（右）にも影は読み取れる⟶ P49

シトロアンII(1922)

ロンシャン教会堂(1955)

「型
逆L型

一体の全体で「垂直の箱」と「水平の箱」が対比される点では「ト型」の変種。上には突出せず「伸び上がり」効果が弱く、「一端を大地に根差しつつ水平に乗り出す」というやや異なる性格で、断面に多い。シトロアン以前のトロワの断面に発し、芸術家の住宅（左）が典型。ユニテの一住戸（右）などの部分的特徴の他、立面や構造体の形状にもあらわれ、単純なだけに実例は多い⟶ P53

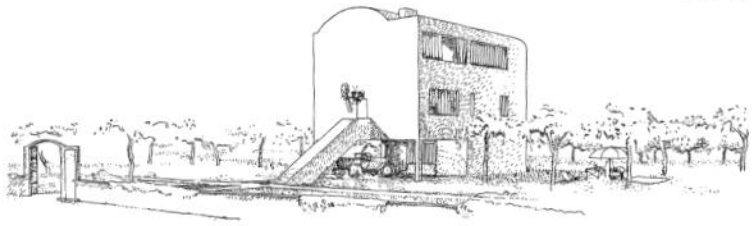
芸術家の住宅(1922)

マルセーユのユニテ(1952)

中型
十字型

「伸び上がる箱」と「乗り出す箱」とが交差し、各々の個性を最も強力に対比し合う点で「ト型」の進化の極。そのまま外観を支配する例はなく、骨格的構成感覚として潜在。ピュリスム絵画での複数の輪郭の交差が萌芽。サヴォワ邸（左）の「空中で孤立する主役」を支え、ロンシャン教会堂も類似の断面形をもつ（右）。例は少ないが、四半世紀を隔てた 2 代表作に共通に見出せて重要⟶ P62

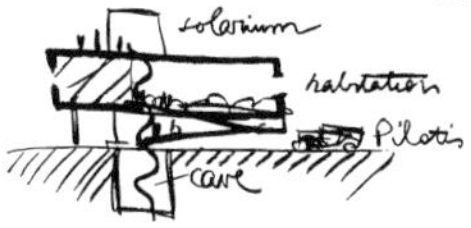

サヴォワ邸のスケッチ(1929)

ロンシャン教会堂(1955)

「ル・コルビュジエ／創作を支えた九つの原型」一覧

サヴォワ邸に至る 1920 年代のコルビュジエは純粋立体を好んだ。しかし残された作品群を見ると、「幾何学的完結の美」だけを目指していたわけではない。単なる直方体や立方体よりは複雑な、「個性的原型」というべき形態的こだわりが少なからず見出せる。それらを通して彼は建築について具体的に考えた。機能をまとめ、表情を演出し、作品としてまとめる直接の実際の手掛かりとした。同時代で際立つ表現の独自な複雑さも、単発的に試みられたものではない。9 つの原型は、故郷での模索期に発し、パリでの 1920 年代に実り多い成果を生みつつ進化し、最晩年に至るまで見え隠れしている。一方では変化しつつも、原型の基本的な性格は保ち続けることが、個々の形態的判断を支え、彼の個性的創作世界を保証していた

B. 立面効果の原型　A 群の全体に宿る特徴とは違い、特定の外観を個性化する。突出や後退の効果により正面等を独自な表情とする際の基本となる型。以下 3 つとも、「突出をもつ箱」である「ト型」との関係によってその基本が理解できる

回型
回字型

「ト型」の変種だが、箱型の中央に小さい箱型が重なる「回型」の構図として重要。萌芽はシュオブ邸（左）。ベスヌス邸で最小限の立体的「回型」となり、プラネクス邸（右）で白い箱型様式として典型化。彼の個性的原型というよりは、世紀末以降の時代のうねりを支えたひとつ。大地と無縁な空中での完結を予言した O. ワグナーの特徴的手法が先祖。A. ロースにも同時期に複数の類似例⟶ P82

シュオブ邸(1916)

プラネクス邸(1927)

匚型
横に凹型

「回型」構図だが中央は「窪み」で対照的。「空虚な直方体」を掲げる点で、「ト型」の基本を共有した逆転型となる。起源は故郷での芸術家のアトリエで、ヴィラ型共同住宅（左）で多数を反復した原型として確立。オザンファン邸は変種。シュタイン邸では、重なり合う多くの原型のひとつとして庭側にある。戦後の変貌へと方向づけるアルジェの共同住宅（右）も基本は類似⟶ P28

ヴィラ型共同住宅(1922)

アルジェの共同住宅(1933)

工型
タンス型

両側を無窓の壁で閉ざす形態的整理の基本が、2 枚の板で挟み込みつつ前後方向の「突出・後退」の運動感を主張する型として強調される。「ト型」と「匚型」の複合的進化型でもある。モースが「タンス型」と命名。シュオブ邸が萌芽。シュタイン邸（左）で原型化。1920 年代には幾何学的な凹凸効果だったが、戦後には自由で彫塑的となり、チャンディガール高等法院（右）等に至る⟶ P143

シュタイン邸(1927)

チャンディガール高等法院 (1953)

最小限住宅　PROJET DE MAISONS＜MINIMUM＞　34,75●36
ギエット邸　MAISON GUIETTE à ANVERS　76●77
救世軍宿泊所　PALAIS DU PEUPLE　21●24
1927　プラネクス邸　MAISON PLAINEX à PARIS 20,26,76,79〜85,104,144,149,150●24,29,77,82,137,201
ワイゼンホフ住宅展（連続住宅、独立住宅）　WEISSENHOF a STUTTGART
18,21,55〜61,75,141,195●17,24,58,59,62,77
シュタイン邸　VILLA à GARCHES 25〜31,38,50,84〜88,122,141,144,149,187●28,37,52,86,87,201
国際連盟案　PALAIS DES NATIONS à GENEVE　21●
1928　ネスレ展示館　＜NESTLÉ＞　114●116
ペゾー邸初期案　VILLA à CARTHAGE　124●125
1929　ムンダネウム計画　MUNDANEUM　●117
ルシャール住宅　MAISONS LOUCHEUR　35●37
ペゾー邸　VILLA à CARTHAGE II　21,30●129
サヴォワ邸初期案　VILLA SAVOYE 1929　35●37
1930　エラズリズ邸　MAISON DE M. ERAZURIS, AU CHILI　110●112
1931　サヴォワ邸　VILLA SAVOYE A POISSY　13〜21,25,30〜32,35,38,39,42,46,48,51,55,57,60〜69,79,
91,97,104,109,111,114,124,136,138〜141,178,189,195●16,33,62,63,102,197,202
1932　チューリヒホルンの集合住宅　IMMEUBLE LOCATIF A ZURICH　25●28
スイス学生会館　PAVILLON SUISSE, PARIS　141,195●143,197
1933　ポートモリトールの共同住宅　IMMEUBLE LOCATIF A LA PORTE MOLITOR. PARIS　81●83
救世軍本部　CITE DE REFUGE. PARIS　100,101●103
アルジェの共同住宅　UNE MAISON LOCATIVE A ALGER　●201
1935　郊外の週末住宅　Une maison du week-end en banlieue de Paris　51●53
1939　リェージュ博フランス館　《Saison de l'eau》, Exposition de Liège　114,130●116,200
無限成長美術館　Musée à Croissance illimitée　115●117
1950　ポルトマイヨの展示館　Projet d'une exposition à installer à la Port Maillot　114●116
1952　マルセーユのユニテ　L'Unité d'Habitation a Marseille　91,134●53,93,133,202
1953　チャンディガール高等法院　Le Palais de Justice（Chandigah）　110,131,141●112,133,143,201
チャンディガール知事公邸　Le Palais du Gouverneur(Chandigah)　97●99
1955　ロンシャン教会堂　La Chapelle de Ronchamp
6,55〜57,64,65,69,97,109,176,185,187〜192,195●7,58,59,66,67,175,186,190,202
1956　上野の展示館　Musée de Tokio の一部　114●116
アーメダバド美術館　Le Musée（Ahmedabad）　126●117,125
ショーダン邸　Villa Shodhan　126●125
ラニの金属住宅群　Maisons rurales　●37
1958　チャンディガール州庁舎　Le Secrétariat（Chandigah）　90,91,130●92
1959　国立西洋美術館　Musée national des beaux-art d'Occident à Tokio
35,51,97,110,114,130 ●37,53,99,112,200
ラ・トゥーレット修道院　Le Couvent de la Tourette（聖堂は 1960 年竣工）
68,69,100,104,195●67,102,197
ブラジル学生会館　Pavillon du Bresil　105●106
1962　アーレンベルク館　Palais Ahrenberg　115●117
1963　エルレンバハ国際センター　Le Centre international d'art à Erlenbach　115●117
1964　カーペンター・センター　Visual Arts Center　105,108,110●106,112
チャンディガール議事堂　Le Palais de L'Assemblée（Chandigah）
51,68,69,97,110,113,131〜134,185,187,188,192,193●53,67,112,133,186
ストラスブール会議場　Palais des Congrès à Strasbourg　105●106
1965　フィルミニ文化の家　Maison des Jeunes et de la Culture à Firminy　192,193●190,191
オリベッティ・コンピューター・センター　Centre de calculs électroniques Olivetti　91●93
1966　コルビュジエ・センター　Le Centre Le Corbusier a Zurich　114,115,134●117,133,200
1968　フィルミニのユニテ　Unité d'Habitntion de Firminy-Vert　193●
1969　フィルミニのスタジアム　193●191
未完　フィルミニの教会　L'Eglise de Firminy-Vert　193●191

■写真出典（数字は頁、上、右などが位置を示す）以下のもの以外は全て筆者の撮影

7 右 2 点、29 左上、36 右上、37 右上・左上・中段左、49 左上・中段上、62 下左、66 上右、67 上、77 中左、82 上 2 点、99 上から二段目・下左・下から二段目、102 上左、112 右上 3 点、116 全 3 点、117 上左・下左と中、121 上から二段目、125 上右、下 2 点、153 上から二段目右、143 下右、147 中段右、151 上 2 点、175 下左（以上『全集』=OEuvre Complete, 8 volumes, Artemis Zurich）
22 右上(『ル・コルビュジエ作品集』洪洋社 1929)
41 下(V. Scully 'THE SHINGLE STYLE TODAY' New York 1974)
49 中段右(B. B. TAYLOR 'LE CORBUSIER ET PESSEC' FONDATION LE CORBUSIER 1972)
59 中央右（Post Card by S. P. A. D. E. M. 1973）
93 上右(W. Boesiger 'Le Corbusier' Artemis Zurich 1972)　106 中段左（Post Card by Steve Rosenthal 1989）
129 左上 2 点（建築文化 9801）　102 中央（ル・コルビュジエ展 1990 東郷青児美術館　カタログ）　他の絵画 3 点（ル・コルビュジエ展 1996-97 カタログ　セゾン美術館）
155 上右（F. L. Wright 'AN AMERICAN ARCHITECTURE' Horizon Press, New York 1969）
155 中右、174 中右（J. C. Gacias 'SULLIVAN' Hanzan 1997）
159 下 4 点（世界の巨匠『モンドリアン』美術出版社 1971）
168 中段、169 上右（Hector Guimard, Monograph 2, Academy Editions 1978）
174 上 4 点（R. Billcliffe, ' MACKINTOSH FURNITURE ', Gameron Books 1984）
191 左下から 2 段目（A. Eardley, ' Le Corbusier's Firminy Church ', New York 1981）

■図面出典（数字は頁、下、左などが位置を示す）以下のもの以外は全て『全集』より転載

16 中段（建築文化 9801）　17 上，62 下右（ル・コルビュジエ著、古川達雄訳『闡明』二見書房 1942）
36 上左、53 右上(B. B. TAYLOR 'LE CORBUSIER ET PESSEC' FONDATION LE CORBUSIER 1972)
44〜45（QUARTIERS MODERNES FRUGES, VILLE DE PESSAC 1995）
49 下右、72 上左、77 上左、143 下左、164 中段の 2 点(G. H. Baker 'Le Corbusier an Analysis of Form' V. N. R. 1984)
53 中央左（LE CORBUSIER SELECTED DRAWINGS, Rizzoli 1981）
66 上左(The Le Corbusier Archive 32 volumes, Garland 1984)
82 中央(T. Benton 'The Villas of Le Corbusier' Yale Univ. P. 1987)
86 下（『ル・コルビュジエ作品集』洪洋社 1929）
96 下 2 点（T. Garnier 'Une Cité Inidustrielle' P. Sers, Paris 1988）
106 上左（E. F. Sekler, W. Curtis ' LE CORBUSIER AT WORK ', Harvard University Press 1978）
155 のライトの図面（F. L. Wright 'AN AMERICAN ARCHITECTURE' Horizon Press, New York 1969）
155 下左 2 点（R.W. Marks ' THE DYMAXION WORLD OF BUCKMINSTER FULLER ', Double day, New York 1960）
158 下（G. H. Baker 'Le Corbusier Early Works' Academy 1987）
164 下左（W. Boesiger 'Le Corbusier' Artemis Zurich 1972）GA

■引用文献

全集からの引用は『ル・コルビュジエ全作品集』全 8 巻（吉阪隆正訳、A. D. A. EDITA Tokyo 1979）
著者名のみを挙げて引用したものは以下の邦訳に拠る
S. モース『ル・コルビュジエの生涯』(住野天平訳、彰国社 1981)
G. ベイカー『ル・コルビュジエの建築』(中田節子訳、鹿島出版会 1991)
W. カーティス『ル・コルビュジエ』(中村研一訳、鹿島出版会 1992)

■索引／作品リスト（数字は掲載頁）

本文中では作品名を短く表記するよう心掛けた。ここでは全集等による原表記を併記した
竣工年は、資料により異なる例が多いが、原則として遅いものとした
文章のみの頁を文章頁、図版とキャプションからなる頁を図版頁として区別した

❶故郷での実現作品（全集未収録） 　文章頁●図版頁
1907 ファレ邸 Villa Fallet 14,148,157〜166,184●16,158,159,164,175
1908 ジャクメ邸 Villa Jaquemet 148 ● 147
ストッツァー邸 Villa Stotzer 148,166●147,164
1912 ジャンヌレ・ペレ邸 Villa Jeanneret-Perret 40●41
1913 ファーブル・ジャコ邸 Villa Favre-Jacot 40,136,140●41
1916 シネマ・スカラ Cinema ‘La Scala’ 40●41
シュオブ邸 Villa Schwob 14,40,101,104,136〜149,157,161●16,41,137,142,143,147,201

❷全集第1巻初版（主に独語で表記）に掲載された作品
1917 ボルドーの屠畜場 ABATTOIR FRIGORIFIQUE DE BORDEAUX 111,113,128,130●112
1918 シャルイの屠畜場 SCHLACHTHOFE IN CHALLUY 108,109,111,113,130●107,112
1922 労働者の住宅 ARBEITERSERIENH“A”USER 20●23
1924 トンキン住宅 BORDEAUX. HAUS＜DU TONKIN＞ 34,70,119●36,121,200
レージュ住宅地 LEGE 26,34,46,47 ●29,36,49

❸現行の全集（主に仏語で表記）に掲載されている作品
1914 ドミノ LES MAISONS ＜DOM・INO＞ 15,18,46,71,127〜130,154,156,173,183●17,129
1916 ポワレ邸 VILLA AU BORD DE LA MER 119〜126,130●121,200
1919 トロワ TROYES 54,75,95●53,96
モノル MAISONS＜MONOL＞ 128●
1920 シトロアン MAISONS＜CITROHAN＞
6,15,34,40,46,75,90,91,95〜98,113,115,119〜122,124,131,141,157●16,49,54,92,96,117,121
1922 ヴィラ型共同住宅 ＜IMMEUBLES・VILLAS＞ 25,139,152●28,137,151,201
シトロアン II MAISONS＜CITROHAN＞1922 19〜20,46〜48,51,57,61,65,66,69,70,75,85,132,
138,146,148,185,187●22,28,49,62,77,133,147,175,186,202
パリの別荘 Villa à Paris 34●36
海辺の別荘 Une villa au bord la mer 34●36
芸術家の住宅 MAISONS d'ARTISTE 19,34,50,70,75,98●22,36,52,202
1923 ベスヌス邸 VILLA à VAUCRESSON 19〜21,119●22
1924 工匠の住宅 MAISONS EN SERIE POUR ARTISANS 70●
オザンファン邸 MAISONS DU PEINTRE OZENFANT à PARIS
25,27,31,34,38,98,100,104,124,139,140,149,150●29,37,63,99,102
ランブイエの週末住宅 Maquette en plâtre d'une maison de《Week-end》à Rambouillet 119,122●121
ラ・ロッシュ・ジャンヌレ邸（ラ・ロッシュ邸部分のみを扱う場合はラ・ロッシュ邸と表記）
DEUX HÔTELS PARTICULIERS à AUTEUIL
6,20,30,48,50,70〜74,80,84,88,90,105〜109,119,138●7,23,49,52,72,73,107
1925 レマン湖畔の住宅 PETITE VILLA AU BORD DU LAC LÉMAN 50,75,79,187,188●52,82,186
エスプリ・ヌーヴォー館 ＜PAVILLON DE L'ESPIRIT NOUVEAU＞ 149〜153,156,157●151
ヴォワザン計画 ＜PLAN VOISIN＞DE PARIS 21●
1926 ペサック住宅地 PESSAC
6,18,25,26,40〜47,51,75,90,91,119,122〜124,131,132,140,149,154,156,189,193
●8,29,44,45,49,53,63,92,121,125,133,155,190,200
クック邸 PETIT HÔTEL PARTICULIERS à BOULOGNE-SUR-SEINE (COOK)
21,76,80,123,124,140●5,24,63,77,125,200

著者略歴

越後島研一（えちごじま　けんいち）
1950 年　神奈川県生まれ
1974 年　早稲田大学理工学部卒業
1981 年　東京大学大学院博士課程修了
現　在　越後島設計事務所主宰
　　　　東京大学工学部助手、工学博士
主著書『世紀末の中の近代――オットー・ワグナーの作品と手法――』
　　　『建築形態の世界――ル・コルビュジエへ――』
　　　『建築形態論――世紀末、ペレ、ル・コルビュジエ――』（以上、丸善）
　　　『現代建築の冒険』（中央公論新社）

ル・コルビュジエ／創作を支えた九つの原型

2002 年 3 月 10 日　第 1 版 発　行
2004 年 5 月 10 日　第 1 版 第 3 刷

著作権者との協定により検印省略

著　者　越　後　島　研　一
発行者　後　藤　　武
発行所　株式会社　彰　国　社
160-0002　東京都新宿区坂町 25
電話　03-3359-3231（大代表）
振替口座　00160-2-173401

自然科学書協会会員
工学書協会会員

Printed in Japan

製版・印刷：真興社　製本：関山製本社

ISBN 4-395-00596-9　C3052

http://www.shokokusha.co.jp